借地権

相続・贈与と譲渡の税務

第3版

はじめに

建物の所有を目的として土地を賃借した場合，賃借人（借地権者）にはその土地に対する使用収益権が生じます。土地を買い取ることなく，自分の土地と同様の活用ができ，その権利は借地借家法で保証されています。

土地所有者（借地権設定者）にとっては，その土地の使用権が制限されますが，借地権の設定に伴う権利金収入及びその後の地代収入が約束され，遊休地の効果的な活用ができます。借地権者，借地権設定者にとってウィンウィンの関係であるともいえます。

しかし，このような関係が成立するのは借地借家に関する法整備が進んだ近年のことであり，契約意識の高い都市部のことです。

地方の中核都市であっても，土地の賃貸借の開始時に権利金等の名目で金銭を授受する，いわゆる借地権の取引の慣行のない地域もあるのが実態です。借地上に建物を所有していても，立退きを強く求められることもあります。土地所有者が低額な地代や処分できない底地の相続税対策に悩むこともあります。法人が代表者の土地に建物を所有しており，借地権の認識もなく地代も大雑把であるケースも多くあります。

他人の土地を賃借して建物や構築物を所有している場合，借地権の有無により課税関係が大きく異なります。法人税はもとより所得税，相続税，贈与税の課税に影響が及びます。また，借地権設定時（設定時課税），保有（保有時課税），借地契約解除時（消滅時課税）と権利の転変に伴って常に課税関係を検討しなければなりません。

本書は，序で借地権の基本的な知識と取扱いを，第１部で個人間の借地権に係る様々な取扱い，第２部で法人と個人間の借地権を概説したものです。借地権に関する書籍は数多ありますが，本書は，借地権にあまりなじみがない地域の方々であっても，相続税・贈与税を中心とした課税の取扱いを理解しやすいスタイルにしました。

第３版の刊行に当たって，借地権の基本的な取扱い及び，法令関係を充実しました。特に法人が関係する場合の譲渡については章を設けて解説しました。また全般的に借地権の移転がイメージし易いように構成及び図表を見直しています。借地権の取扱いはバリエーションが多く，個々の契約関係も多岐にわたりますが，実務で即応できるよう質問や疑問の多いものは「事例」として入れました。

文中，意見にわたる部分は，執筆者の個人的意見であることをお断りします。

アンダーラインの表示は，解説のため執筆者が付したものです。

本書が皆様の借地権に対する理解の一助となることを祈念しております。

2022年春

税理士　武田秀和

税理士　中村　隆

目　次

はじめに

【序】借地権の定義

【第1部】個人間における借地権

第1章　土地の無償使用による贈与税の課税

【第3部】重要通達集

本書で引用している法令通達一覧

本書で引用している法律等は次の通りです。また、必要に応じて略称を用いました。

法律	略称	成立又は公表年
相続税法	相法	昭和25年　法律第73号
相続税法施行令	相令	昭和25年　政令第71号
相続税法基本通達	相基通	昭和34年１月28日　直資10
財産評価基本通達	評基通	昭和39年４月25日　直資56
所得税法	所法	昭和40年　法律第33号
所得税法施行令	所令	昭和40年　法律第96号
所得税基本通達	所基通	昭和45年７月１日　直審（所）30
法人税法	法法	昭和40年　法律第34号
法人税法施行令	法令	昭和40年　法律第97号
法人税基本通達	法基通	昭和44年５月１日　直審（法）25
租税特別措置法	措法	昭和32年　法律第26号
使用貸借に係る土地についての相続税及び贈与税の取扱いについて	使用貸借通達	昭和48年11月１日　直２－180
一般定期借地権の目的となっている宅地の評価に関する取扱いについて	定借個別通達	平成10年８月25日　課評２－８
相当の地代を収受している貸宅地の評価について	－	昭和43年10月28日　直資３－22
相当の地代を支払っている場合等の借地権等についての相続税及び贈与税の取扱いについて	相当地代通達	昭和60年６月５日　課資２－58
法人税の借地権課税における相当の地代の取扱いについて	－	平成元年３月30日　直法２－２
民法		明治29年　法律第89号
借地借家法	－	平成３年　法律第90号
建物保護に関する法律	建物保護法	明治42年　法律第40号
借地法	－	大正10年　法律第49号
借家法	－	大正10年　法律第50号
不動産登記法	－	平成16年　法律第123号

※裁判例に表記した「TAINS」とは一般社団法人日税連税法データベースのことをいいます。

【序】

借地権の定義

I
借地権の定義

序章では借地及び借地権の概要を解説する。

「所有」から「利用」へと言われて久しいが，重要な財産である土地，とりわけ宅地を所有することはもちろん，貸し付けることにより有効利用することは古くからある形態である。宅地所有者は宅地の自由な使用収益が阻害されたとしても，所有権を手放すことなくかつ安定した地代を受け取ることができ，借地権者は初期投下資本を少なくできる等のメリットやデメリットを十分検討したうえで借地契約を結ぶ。宅地を単独で所有する場合と異なり，借地権においては，複数の借地権が単独所有者の宅地に設定される場合や転貸借地権が設定される場合等，その土地に対する権利者が錯綜することが多くなる。

1 借地上の権利の変遷

⑴ 借地人の保護

他人が所有する土地を借用して，建物の建築や事業を行うということは昔から行われていた。借地行為は単なる賃借権であり，物権のような強固な権利ではなかった。そのため借地する者（以下，本書において「借地人」「借地権者」ともいう）の権利は極めて不安定なものであり，借地権設定者（以下，本書において「地主」「土地所有者」ともいう）の恣意で契約更改や解除が行われることも多かった。建物を所有していても，その敷地に対する権利がなければ，地主の意向により理不尽な立ち退きを迫られることもある。借地上の権利の変遷は，借地人は建物及びその敷地を恒常的に利用する権利を確保したい，地主はできるだけ物権的権利の設定は避けつつ安定的な地代収入を確保したい，という思惑のせめぎ合いの歴史でもある。そのため民法の規定における「貸借権」の枠を超えた立法が必要となった。

⑵　建物保護に関する法律の創設

建物所有者の保護及び権利が強く言われるようになり，「建物保護に関する法律」(1909年（明治42年））(以下「建物保護法」という）が制定され，第1条で次のように規定していた。

「建物ノ所有ヲ目的トスル地上権，又ハ土地ノ賃借権ニ因リ地上権者，又ハ土地ノ賃借人カ，其ノ土地ノ上ニ登記シタル建物ヲ有スルトキハ，地上権又ハ土地ノ賃貸借ハ其ノ登記ナキモ，之ヲ以テ第三者ニ対抗スルコトヲ得」

建物保護法では，借地上の建物を登記することにより，第三者に対する対抗要件を備えることになり，借地人の地位が確保されることとなった。単なる賃貸借から外れ，地主の勝手な土地処分からも免れることとなった。借地人の地位が保証されれば，とりもなおさず家族の安心，人心の安定ひいては経済の安定を意味するところとなる。なお，建物保護法第1条の規定は，次のように借地借家法第10条に引き継がれている。「借地権は，その登記がなくても，土地の上に借地権者が登記されている建物を所有するときは，これをもって第三者に対抗することができる」(借地借家法10)。

⑶　借地法・借家法の創設

権利が保証されたとしても，その存続期間を何年とするか，期間が満了したときの借地人の保護をどのように考えるか，又は建物が消滅した場合の借地人の権利をどうするかという問題がある。

そこで，借地人の権利の強化のために，1921年（大正10年）に「借地法」が制定され，借地権の存続期間は，堅固な建物の所有の場合は60年，それ以外は30年とした。また期間満了時に建物が存在している場合は，借地人が地主に対して借地契約の更新を請求した場合は，同一の条件でさらに借地権を設定したとみなす等，借地権の存続期間の延長が図られることとなった（借地法２，４)。また，借地契約期間満了後においても借地状態を継続しており，地主が異議を申し立てない場合には，従前の契約と同一の条件で契約が継続する法定更新が規定された（借地法6)。

また，同年に建物の賃借人（以下「借家人」という）の保護を目的とした借家法が制定された。

2 借地借家法の概要

1 借地借家法

広大な土地を所有しているだけでは何も生み出さず，維持費の負担のみが生じるため，戦後，土地を貸し付けて地代という確実な現金収入を得る地主が増加した。一方，経済の成長と共に地価が上昇し，借地権者の権利も増幅してきた。地主にとっては好ましいことではなく，次第に借地権を設定することを避けるようになり，宅地の供給が減少してきた。そこで，借地や借家に関する権利義務を見直し，1991年（平成３年）に「借地借家法」（平成３年10月４日）が制定された。借地借家法は従来の借地法・借家法・建物保護法を見直したもので，力関係で劣る借地人，借家人の保護を強めることを目的として「建物保護に関する法律」等を統合し，定期借地権の創設等の変更も加えられ，時代に即したものとなった。

建物保護に関する法律（明42・5・1　法40）		
借地法（大10・4・8　法49）	⇨	借地借家法（平3・10・4　法90）
借家法（大10・4・8　法50）		

2 借地権の定義

借地権，借地権者とは借地借家法第２条で次のように規定されている。本書においても，原則としてこの定義に基づいて解説する。なお，借地権が設定されている宅地は，民法上の表現ではないが一般的に「底地」といい，本書においても底地と称する。

権利	定義
借地権	建物の所有を目的とする地上権又は土地の賃借権
借地権者	借地権を有する者
借地権設定者	借地権者に対して借地権を設定している者
転借地権	建物の所有を目的とする土地の賃借権で借地権者が設定しているもの
転借地権者	転借地権を有する者

3　建物の定義

建物とは通常，土地に定着する工作物のうち，屋根，柱及び壁を有し，原則として人間の居住，作業空間，物品の保管等に用いられる建築物をいう（不動産登記規則111他）。このうち人間の居住するものについては特に「家屋」と表記する。家屋とは，土地に永続的に定着していること（土地定着性），屋根及び三方以上の壁があり，風雨をしのぐことができること（外気遮断性），及び目的とする用途に供し得ること（用途性）の要件が必要である。また，借家人の権利を保護する目的の法律であるから，当然ながらここにいう「建物」には，橋梁，広告塔，電柱，ガソリンスタンド等工作物及び工作物に類するものは含まれない。

4　借地権の種類と存続期間

(1)　借地権の種類

借地借家法に規定される借地権には，借地権をはじめとして，次の５種類の権利が併存している。借地借家法の規定は，1992年（平成４年）８月１日の借地借家法の施行前に生じた事項にも適用されるが，それまでの借地人の権利の混乱を避けるために，廃止前の建物保護に関する法律，借地法及び借家法の規定により生じた効力を妨げないものとしている（借地借家法附則４）。そのため，旧借地法が適用される借地権も存続することとなった。

また，定期借地権は1991年（平成３年）の借地借家法の制定時に創設されたものである。

<table>
<tr><th colspan="2">借地権の種類</th><th>借地権の存続期間</th><th>条文</th></tr>
<tr><td colspan="2">借地権（旧借地法）</td><td>建物の種類により20年から60年</td><td>旧借地法２，３</td></tr>
<tr><td colspan="2">借地権（借地借家法）</td><td>30年以上</td><td>借地借家法３</td></tr>
<tr><td rowspan="3">定期借地権等（借地借家法）</td><td>定期借地権</td><td>50年以上</td><td>借地借家法22</td></tr>
<tr><td>事業用定期借地権</td><td>30年以上50年未満</td><td>借地借家法23</td></tr>
<tr><td>建物譲渡特約付借地権</td><td>30年以上</td><td>借地借家法24</td></tr>
</table>

(2) 借地権の存続期間

借地借家法は，土地の所有権を持たない立場の弱い借地権者の地位を保護する目的を有するため，第１節において借地権の存続期間を定めている。第３条で，借地権の存続期間は30年とするが，契約でこれより長い期間を定めた時はその期間とされ，借地権の更新後の存続期間についても原則として10年としつつそれより長い期間も許容している。借地権者にとって不利な規定は無効とする強行規定も設けられている（借地借家法９）。

3 借地権発生の事実

(1) 借地権の設定

土地の賃貸借契約が交わされることにより借地という事実が発生するが，必ずしも借地権が付随するわけではない。短期間の賃貸借の場合や，資材置場等として利用する場合のような一時使用のケースがあり，権利の発生を予想していない賃貸借もある。

借地権の有無は，事実認定の問題でもある。地主と賃借人との契約の有り様やその地域の慣行等によっても異なるため，画一的な判断ができない。大都市であるからといって必ずしも借地権の設定又は権利金の授受の慣行があるとは限らない。

借地権の有無を判断するためにはいくつかの指標があるが，次の点は最低限押さえておく必要がある。

① 契約期間

② 借地の利用目的

・建物所有が目的か，資材置場としての利用か。

③ 権利金・一時金の授受の有無

・土地所有者に対して権利金，協力金，礼金等の名目で支払われる金員のこと。

④ 地代と権利金との関係

⑵ 借地した場合の区分

借地契約があった場合の大まかな権利関係は，次のとおりである。

<table>
<tr><td rowspan="5">借地契約</td><td>使用貸借</td><td colspan="2">借地権は発生しない</td></tr>
<tr><td rowspan="4">賃貸借</td><td>権利金の授受あり</td><td>借地権が発生する</td></tr>
<tr><td rowspan="3">権利金の授受なし</td><td>権利金相当額の課税</td></tr>
<tr><td>相当地代の支払い</td></tr>
<tr><td>無償返還の届出</td></tr>
</table>

法令・通達等を確認する

借地借家法

（趣旨）

第１条　この法律は，建物の所有を目的とする地上権及び土地の賃借権の存続期間，効力等並びに建物の賃貸借の契約の更新，効力等に関し特別の定めをするとともに，借地条件の変更等の裁判手続に関し必要な事項を定めるものとする。

（定義）

第２条　この法律において，次の各号に掲げる用語の意義は，当該各号に定めるところによる。

一　借地権　建物の所有を目的とする地上権又は土地の賃借権をいう。

二　借地権者　借地権を有する者をいう。

三　借地権設定者　借地権者に対して借地権を設定している者をいう。

四　転借地権　建物の所有を目的とする土地の賃借権で借地権者が設定しているものをいう。

五　転借地権者　転借地権を有する者をいう。

（借地権の存続期間）

第３条　借地権の存続期間は，30年とする。ただし，契約でこれより長い期間を定めたときは，その期間とする。

（借地権の更新後の期間）
第４条　当事者が借地契約を更新する場合においては，その期間は，更新の日から10年（借地権の設定後の最初の更新にあっては，20年）とする。ただし，当事者がこれより長い期間を定めたときは，その期間とする。
（強行規定）
第９条　この節の規定に反する特約で借地権者に不利なものは，無効とする。

（旧）借地法
第１条
本法ニ於テ借地権ト称スルハ建物ノ所有ヲ目的トスル地上権及賃借権ヲ謂フ
第２条
借地権ノ存続期間ハ石造，土造，煉瓦造又ハ之ニ類スル堅固ノ建物ノ所有ヲ目的トスルモノニ付テハ60年，其ノ他ノ建物ノ所有ヲ目的トスルモノニ付テハ30年トス
但シ建物カ此ノ期間満了前朽廃シタルトキハ借地権ハ之ニ因リテ消滅ス
契約ヲ以テ堅固ノ建物ニ付30年以上，其ノ他ノ建物ニ付20年以上ノ存続期間ヲ定メタルトキハ借地権ハ前項ノ規定ニ拘ラス其ノ期間ノ満了ニ因リテ消滅ス
第３条
契約ヲ以テ借地権ヲ設定スル場合ニ於テ建物ノ種類及構造ヲ定メサルトキハ借地権ハ堅固ノ建物以外ノ建物ノ所有ヲ目的トスルモノト看做ス

II

賃借権と地上権

1 賃借権（借地権）と地上権

土地を借用する契約は大別すると使用貸借，賃貸借及び地上権がある。有償借用である賃貸借は債権であり，地上権は物権である。建物の所有を目的とした借地は賃貸借によるものがほとんどである。土地賃借権についても借地借家法の適用による対抗力の具備，長期の存続期間や更新事由の法定化などにより現在では限りなく物権に近似した，安定した権利といえる。

2 賃借権

賃借権とは「当事者の一方がある物の使用及び収益を相手方にさせることを約し，相手方がこれに対してその賃料を支払うこと及び引渡しを受けた物を契約が終了したときに返還することによって，その効力を生ずる（民法601）」債権契約である。すなわち，物の使用や収益を約して賃料を授受することをいう。民法では賃貸借契約による賃借権を規定しているが，これは債権であるため，貸主の立場が強く賃借人の権利が非常に弱く不安定となる。特に建物の所有を目的とした宅地の賃借の場合，契約内容によっては賃借人に不利な場合がある。また，賃借の結果として発生した権利（借地権）を譲渡する場合は地主の承諾を得なくてはならず，地主に対する承諾料の支払いが行われることが一般的である。

不動産の賃貸借は登記をすることにより借地人の地位を強固にすることができる（民法605）。しかし，地主にとってはその土地を柔軟に使用収益することを脅かされることとなり，借地人の地位を確定的にするような登記は到底納得できるものではないため，ほとんど利用されていない。

3 地上権

1 地上権とは

地上権とは他人の土地に工作物又は竹木を所有するためその土地を使用する権利である（民法265）。地上権は民法上の物権であり，登記することによりその権利を強固なものとする（不動産登記法３，78）。所有権に準ずる強い権利が付随することとなり，地主の許可を得ることなく地上権のみの売買や貸付けが可能となる。土地の所有権者である地主にとって，このような強固な権利を設定することはその土地の自由な使用収益を阻害する。よって，地上権の設定を極力回避するため，住宅の所有を目的とする地上権の設定はほとんどない。建物所有を目的とする地上権及び土地賃借権は「借地権」として借地借家法の適用を受けることとなる（借地借家法２一）。借地借家法は，その経済的効果や確固たる権利を保証することにより，地上権と同様の疑似物権的性質を帯びることになる。

借地借家法により定期借地権が創設され，分譲マンションをできるだけ低価で販売する戦略から定期借地権付マンションが人気である。このような定期借地権付分譲マンションは地上権の設定が多いようである。地上権が設定されていれば転売などの自由度は比較的高い。

2 工作物とは

地上権の目的となる工作物とは，建物，橋梁，水路，池，井戸，トンネル，テレビ塔，鉄塔，地下鉄，地下街など一切の地上及び地下の施設をいう。また，竹木とは字の如く立木や竹のことをいう。高圧線の施設のための地上権の設定はよくある。竹木の所有のための地上権の設定はイメージしにくいが，要は地上権を設定すること自体が重要である。

3 地上権の存続期間

地上権は契約により存続期間を定めることができる。

存続期間を定めなかった場合	いつでも権利を放棄できる	民法268①
当事者の請求があった場合	20年以上50年以下の範囲内で裁判所が定める	民法268②

4 地代の支払いと借地権

1 権利金等の支払い

借地権の設定に際し，権利金等を支払う借地権の取引の慣行のある地域（以下「借地権取引慣行地域」という）においては，権利金等の支払いや地代の支払いの事実によって，借地権の存否を確認することができる。その権利の幅がどの程度であるのかは，土地所有者と借地権者との契約によることが大きい。借地借家法に守られている建物の所有を目的とした借地権等については，その権利が明確であるため，相続税上は財産評価基本通達において借地権の価額を算定することにしている。

2 権利金・地代と借地権の関係

土地所有者が借地権を設定する場合，その土地の使用収益権を手放すことになる。その対価として権利金等及び地代を収受して，本来得られるはずの収益とのバランスを取る。

一般的に，借地権取引慣行地域においては，権利金等の額が借地権の価額を事実上決する。更地価額に対する権利金等の額の割合が，借地権割合であるということもできる。同一条件の土地であれば，権利金等の額が少ない場合は，地代の額で均衡を図ることが行われる。

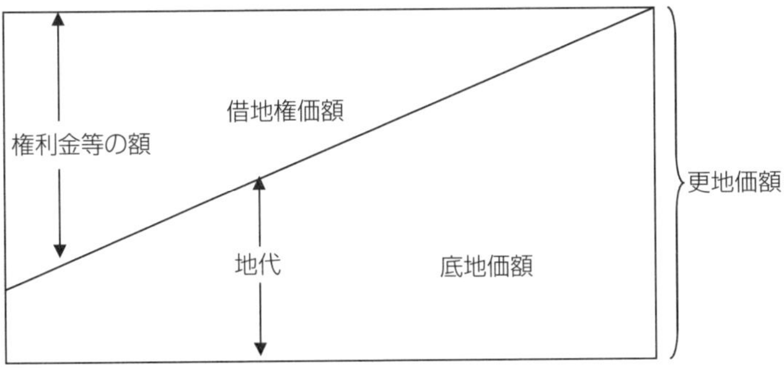

3　借地権の取引の慣行のある地域

借地権の有無又は認定は，借地権取引慣行地域において問題となる。借地権取引慣行地域とは，地価が高額となる東京や大阪のような大都市，及びその近郊地域が想定されるが，地方の大都市であっても借地権の認識が薄いところもあるようである。その地域の取引状況を調査・確認しないと判断できないことになるが，借地権の課税関係を検討するにあたって，地域の取引慣行を課税関係が発生する都度調べるのは煩雑であり，正確に判定できるとは限らない。

実務的には，国税庁で公表している財産評価基準書（路線価図，倍率表）により判定することができる。財産評価基準書には借地権割合が30％から90％までの地域が表示されている。30％未満の地域の借地権割合が表示されていないことは，その地域は借地権取引慣行地域ではないと推認される。1991年（平成3年）に改正される前の財産評価基本通達32において，自用地としての価額の30％未満の借地権については，課税価格に算入しないとされており，現行の借地権割合も30％未満の表示がないことから，同様の判断ができる。

【旧財産評価基本通達32：課税価格に算入しない借地権等】

次に掲げる借地権等の価額は，相続税又は贈与税の課税価格に算入しない。

(1)　27（借地権の評価）の定めにより評価した借地権の価額が，その借地権の目的となっている宅地としての価額の100分の30に相当する価額に満たない場合におけるその借地権

(2)　(1)に該当する借地権の目的となっている宅地に係る貸家建付借地権，転貸借地権，転借権及び借家人の有する権利

法令・通達等を確認する

民法

（地上権の内容）

第265条　地上権者は，他人の土地において工作物又は竹木を所有するため，その土地を使用する権利を有する。

（地上権の存続期間）

第268条　設定行為で地上権の存続期間を定めなかった場合において，別段の慣習がないときは，地上権者は，いつでもその権利を放棄することができる。ただし，地代を支払うべきときは，１年前に予告をし，又は期限の到来していない１年分の地代を支払わなければならない。

２　地上権者が前項の規定によりその権利を放棄しないときは，裁判所は，当事者の請求により，20年以上50年以下の範囲内において，工作物又は竹木の種類及び状況その他地上権の設定当時の事情を考慮して，その存続期間を定める。

（賃貸借）

第601条　賃貸借は，当事者の一方がある物の使用及び収益を相手方にさせることを約し，相手方がこれに対してその賃料を支払うこと及び引渡しを受けた物を契約が終了したときに返還することを約することによって，その効力を生ずる。

（賃貸借の存続期間）

第604条　賃貸借の存続期間は，50年を超えることができない。契約でこれより長い期間を定めたときであっても，その期間は，50年とする。

２　賃貸借の存続期間は，更新することができる。ただし，その期間は，更新の時から50年を超えることができない。

（不動産賃貸借の対抗力）

第605条　不動産の賃貸借は，これを登記したときは，その不動産について物権を取得した者その他の第三者に対抗することができる。

不動産登記法

（登記することができる権利等）

第３条　登記は，不動産の表示又は不動産についての次に掲げる権利の保存等（保存，設定，移転，変更，処分の制限又は消滅をいう。次条第２項及び第105条第１号において同じ。）についてする。

一　所有権

二　地上権

三　永小作権

四　地役権

五　先取特権

六　質権

七　抵当権

八　賃借権
九　配偶者居住権
十　採石権（採石法（昭和25年法律第291号）に規定する採石権をいう。第50条及び第82条において同じ。）

III

借地権と税務

1 税法上の借地権

1 税法上の借地権

土地所有者が，その土地を単に賃貸するだけではなく，借地権を設定するという行為は，他人に土地の使用及び収益する権利を譲り渡すということである。土地所有者にとっては財産権の減少となる。そのため借地権の設定に際し，借地権相当額の金銭の授受があるか，借地権の額に見合う地代の調整が行われる。対価の授受があることは，当然のことながら，不動産所得や譲渡所得の課税関係が発生する。対価の授受がない場合，つまり無償による借地権の設定が行われることもあるが，この場合は贈与税の課税関係が発生する。いずれにせよ借地権の設定や移転に際しては，何らかの課税関係から免れられない。

税務において，借地権は権利金の授受のみならず，その額，地代の額，契約内容，権利関係等々を総合勘案して判断する必要がある。

2 所得税法・法人税法・相続税法における借地権

所得税法・法人税法・相続税法における借地権の概念が微妙に異なる。

所得税法や法人税法が構築物の所有を目的とする賃借権を借地権としてとらえているのは課税のスタイルの相違によるもので，権利の設定に伴う権利金等（権利金，一時金等名目にかかわらず借地権の設定の対価として授受する金員のことをいう。以下「権利金等」という）の授受に対する確実な課税を狙ったものである。

それに対して相続税については，建物の所有を目的とした賃借権が一定の権利を認められており，地域的な格差はあるが借地権割合をその地域ごとに判定することができる。そのため地域的な網掛けにより財産として価額を算出することができる。一方で，構築物の所有を目的とした賃借権は，構築物そのものが多種多様で所有する目的にも濃淡があり，構築物の敷地に対する権利関係が千差万別で不安定でもあるため，相続税等の対象となる財産としてとらえることが大変困難であることから，借地権としての課税の対象から外したものといえる。

⑴ 所得税法における借地権

所得税法においては，譲渡所得の起因となる借地権の設定の概念として「建物若しくは構築物の所有を目的とする地上権，若しくは賃借権の設定，その他契約により他人に土地を長期間使用させる行為（所法33①，所令79）」のことをいい，構築物の所有についても借地権の発生を想定している。

⑵ 法人税法における借地権

法人税法では「借地権（地上権又は土地の賃借権をいう。）若しくは地役権の設定により土地を使用させ，又は借地権の転貸，その他他人に借地権に係る土地を使用させる行為（法令137）」のことをいい，建物・構築物の所有のみならず，単なる土地の利用を目的とする賃借権（土地を利用するための施設を設けない場合や物品置場等）も含まれる。

⑶ 相続税法における借地権

相続税法における借地権は，建物を所有する地上権及び賃借権であり，借地借家法に同じである。構築物の所有を目的としていないため，所得税法・法人税法上の借地権よりやや狭く規定している。構築物は種類が多く，所有とする目的の濃淡も千差万別であり，相続税又は贈与税（以下「相続税等」という）の対象となる財産としてとらえることが大変困難である。所得税や法人税が構築物の所有を目的とする賃借権を借地権としてとらえているのは，課税のスタイルの相違によるもので，権利の設定に伴う権利金等の授受に対する確実な課税と，権利の確定を狙ったものである。それに対して，相続税等は，建物の所有を目的とした賃借権は，地域的な格差はあるが一定の権利を認められており，借地権割合をその地域ごとに網掛けができるため，財産としての価額を算出することができることによる。

⑷　各税法の借地権の範囲

税務上の借地権は，その有無により財産権の判定に大きく影響するが，事実が先行して，それを後追いで，取扱いを整備していくというのが実体である。各税法の借地権の概要を図示すれば，次のとおりである。

税法における借地権の概念

＊　法人税法
（地上権又は土地の賃借権）

＊　所得税法
（建物もしくは構築物の所有を目的とする賃借権）

＊　相続税法
（建物の所有を目的とする賃借権）

3　借地権課税関係の発生

ある財産を他人が使用する場合や，他人に使用させた場合には，その使用料の収益だけではなく，様々な課税関係が発生する。近年は，地価の高止まりと相まって，借地権の価額も高額なものとなっている。そのため財産に占める割合も，土地に準ずる重要性を帯びており，借地権の設定から始まり，処分するまで常に課税の問題を避けて通ることはできない。借地権の課税関係は法人税，所得税，相続税など税目により歴史や考え方が微妙に異なり，借地権の設定，保有，消滅の時によっても異なる。

Ⅰ　借地権を設定したとき（以下「設定時課税」という）

Ⅱ　継続して保有しているとき（以下「保有時課税」という）

Ⅲ　借地契約が解消もしくは消滅したとき（以下「消滅時課税」という）

また，借地人又は地主の立場によって課税関係が異なり，それぞれに設定時課税，保有時課税，消滅時課税があり，常に課税関係を検討しなければならない。設定時課税は使用貸借，権利金の有無に応じた課税，保有時課税は賃料の課税，そして消滅時課税は借地権又は底地の譲渡，贈与，寄付等の課税があるが，個人の場合は相続時の権利関係に対する課税が多く検討され，法人の場合は株式の価値を検討するときに浮かび上がることが多い。

4　税務上の検討例

税務上，借地権を検討する場面は先に述べたが，設定時課税，保有時課税そして消滅時課税と時期により区分され，使用貸借，権利金等の有無等により再区分される。さらに，借地人又は地主により課税関係を検討しなければならない。細分化すれば際限がないが，借地権課税は大まかに次の区分で発生する。

〔権利者の区分〕

	借地人	地主
①	個人	個人
②	個人	法人
③	法人	法人
④	法人	個人

Ⅰ　設定時課税

<table>
<tr><th></th><th>貸借関係</th><th>借地人
地主</th><th>権利者</th><th colspan="2">課税関係</th></tr>
<tr><td rowspan="2">①-1
※1</td><td rowspan="2">使用貸借（権利金等の授受がない。以下同じ）</td><td>借地人</td><td>個人</td><td colspan="2">・建物のみの所有であり，借地権の課税関係なし。</td></tr>
<tr><td>地主</td><td>個人</td><td colspan="2">・土地は自用地として取り扱われる。</td></tr>
<tr><td rowspan="2">①-2</td><td rowspan="2">権利金の授受がある</td><td>借地人</td><td>個人</td><td colspan="2">・権利金の支払いにより，借地権を取得する。</td></tr>
<tr><td>地主</td><td>個人</td><td colspan="2">・権利金が収入となる。
①　収入金額が時価の1/2を超える場合：譲渡所得
②　①以外の場合：不動産所得</td></tr>
<tr><td rowspan="5">①-3</td><td rowspan="5">相当地代の授受がある</td><td>借地人</td><td>個人</td><td colspan="2">・課税関係は生じない。</td></tr>
<tr><td rowspan="4">地主</td><td rowspan="4">個人</td><td colspan="2">・地代は不動産所得。</td></tr>
<tr><td>・権利金がない場合</td><td>・課税関係は発生しない。</td></tr>
<tr><td rowspan="2">・権利金がある場合</td><td>①　収入金額が時価の1/2を超える場合：譲渡所得</td></tr>
<tr><td>②　①以外の場合：不動産所得</td></tr>
</table>

②-1	使用貸借（無償返還届出書の提出がない）※2	借地人	個人	・法人から借地権相当額の贈与があったものとして認定課税（賞与・給与・寄附）が行われる。
		地主	法人	・権利金相当額の認定課税が行われる。
②-2	無償返還届出書の提出がある	借地人	個人	・実際の地代と相当地代の差額が給与所得として課税が行われる。
		地主	法人	・実際の地代と相当地代の差額が地代の認定課税課税が行われる。
②-3	権利金の授受がある	借地人	個人	・権利金を支払うことにより借地権を取得する。
		地主	法人	・権利金が収入となる。
②-4	相当地代の授受がある	借地人	個人	・課税関係は発生しない。
		地主	法人	・課税関係は発生しない。 ・権利金を授受する場合，収入となる。
③-1	使用貸借（無償返還届出書の提出がない）※2	借地人	法人	・権利金相当額の認定課税が行われる。
		地主	法人	・地代認定課税が行われる。
③-2	無償返還届出書の提出がある	借地人	法人	・課税関係は発生しない。
		地主	法人	・実際の地代と相当地代の差額に対し地代の認定課税課税が行われる。
③-3	権利金の授受がある	借地人	法人	・権利金を支払うことにより借地権を取得する。
		地主	法人	・権利金が収入となる。
③-4	相当地代の授受がある	借地人	法人	・課税関係は発生しない。
		地主	法人	・課税関係は発生しない。 ・権利金が収入となる。
④-1	使用貸借（無償返還届出書の提出がない）※2	借地人	法人	・権利金相当額の認定課税が行われる。
		地主	個人	・課税関係は発生しない。
④-2	無償返還届出書の提出がある	借地人	法人	・課税関係は発生しない。
		地主	個人	・課税関係は発生しない。

<table>
<tr><td rowspan="2">④-3</td><td rowspan="2">権利金の授受がある</td><td>借地人</td><td>法人</td><td colspan="2">・権利金を支払うことにより借地権を取得する。</td></tr>
<tr><td>地主</td><td>個人</td><td colspan="2">・権利金が収入となる。
① 収入金額が時価の1/2を超える場合：譲渡所得
② ①以外の場合：不動産所得</td></tr>
<tr><td rowspan="4">④-4</td><td rowspan="4">相当地代の授受がある</td><td>借地人</td><td>法人</td><td colspan="2">・課税関係は発生しない。</td></tr>
<tr><td rowspan="3">地主</td><td rowspan="3">個人</td><td>・権利金がない場合</td><td>・課税関係は生じない</td></tr>
<tr><td rowspan="2">・権利金がある場合</td><td>① 収入金額が時価の1/2を超える場合：譲渡所得</td></tr>
<tr><td>② ①以外の場合：不動産所得</td></tr>
</table>

Ⅱ　保有時課税

借地権を設定し，その後継続的に借地料を支払っている場合は，借地料が費用，受け取っている場合は収入となる。

使用貸借による場合は，原則として借地料の授受は発生しない。借地している土地に対する通常の経費，借用物の通常の経費，例えば固定資産税等の公租公課程度の支払いがあったとしても，使用貸借の取扱いとなる（民法595，使用貸借通達１）。

Ⅲ　消滅時課税

	貸借関係	借地人 地主	権利者	課税関係
①-1	使用貸借	借地人	個人	・借地権価額は零となる。
		地主	個人	・自用地価額。
①-2	権利金の授受がある	借地人	個人	・借地権価額（自用地価額×借地権割合：以下同じ）。
		地主	個人	・底地価額（自用地価額×（1－借地権割合）：以下同じ）。
①-3	相当地代の授受がある	借地人	個人	・借地権価額は零となる。
		地主	個人	・自用地価額の80％で評価する。
②-1	使用貸借（無償返還の届出がない）	借地人	個人	・借地権価額。
		地主	法人	・底地価額。

②-2	無償返還届出書の提出がある	借地人	個人	・借地権価額は零となる。
		地主	法人	・同族会社の株式評価において自用地評価となる。
②-3	権利金の授受がある	借地人	個人	・借地権価額。
		地主	法人	・底地価額。
②-4	相当地代の授受がある	借地人	個人	・借地権価額は零となる。
		地主	法人	・自用地価額の80%で評価する。
③-1	使用貸借（無償返還届出書の提出がない）	借地人	法人	・借地権価額。
		地主	法人	・底地価額。
③-2	無償返還届出書の提出がある	借地人	法人	・借地権価額は零となる。
		地主	法人	・自用地価額。
③-3	権利金の授受がある	借地人	法人	・借地権価額。
		地主	法人	・底地価額。
③-4	相当地代の授受がある	借地人	法人	・借地権価額は零となる。
		地主	法人	・自用地価額の80%で評価する。
④-1	使用貸借（無償返還届出書の提出がない）	借地人	法人	・借地権価額。
		地主	個人	・底地価額。
④-2	無償返還届出書の提出がある	借地人	法人	・借地権価額は零となる。 ・同族会社の株式評価において借地権価額（自用地価額×20%）となる。
		地主	個人	・自用地価額の80%で評価する。
④-3	権利金の授受がある	借地人	法人	・借地権価額。
		地主	個人	・底地価額。
④-4	相当地代の授受がある	借地人	法人	・借地権価額は零となる。 ・同族会社の株式評価において借地権価額（自用地価額×20%）となる。
		地主	個人	・自用地価額の80%で評価する。

（注）以下，上記の表を引用する場合「(表Ⅰ①-2)」というように表記する。

※1　①等の区分は上記〔権利者の区分〕に合わせる。

※2　法人が関与する場合，単純な使用貸借がないわけではないと考えられるが，ここでは「無償返還届出書」がなく，権利金相当額の認定課税が行われることを前提に区分した。

2 借地権の課税関係の例

他人の財産を使用する場合や財産を他人に使用させた場合にはその使用料の収益だけではなく様々な課税関係が発生する。とりわけ高額な財産である土地の使用については課税関係も高額になるため，その設定や異動については注意を要する。

次の図は，他人の土地に建物を建築した場合の税務上の簡単な検討例である。

事例　**個人の土地に個人が建物を建築した場合**

A（個人）の土地上にB（個人）が使用貸借で建物を建築した場合の課税関係はどうなるか。

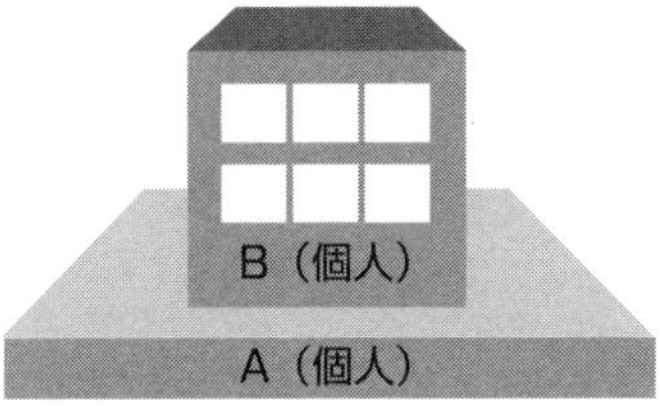

使用貸借であるため
借地権は発生しない

（解説）

建物所有者（B）

○特になし（借地権発生せず）

土地所有者（A）

○特になし（自用地のまま）

事例　個人の土地に個人が借地権を設定した場合

A（個人）の土地上にB（個人）が借地権を設定し建物を建築した場合の課税関係はどうなるか。

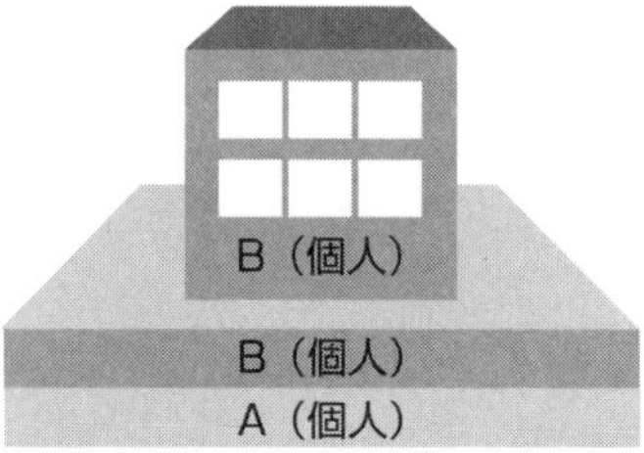

権利金の授受により
借地権が発生する

(解説)

建物所有者（B）

○贈与税（権利金）

○所得税（権利金の支払い・地代の支払い）

土地所有者（A）

○所得税（借地権設定による不動産所得又は譲渡所得。地代収入）

事例　借地権が設定されている土地建物に異動があった場合

個人間で借地上の建物若しくは土地所有者の異動があった場合，課税関係はどうなるか。

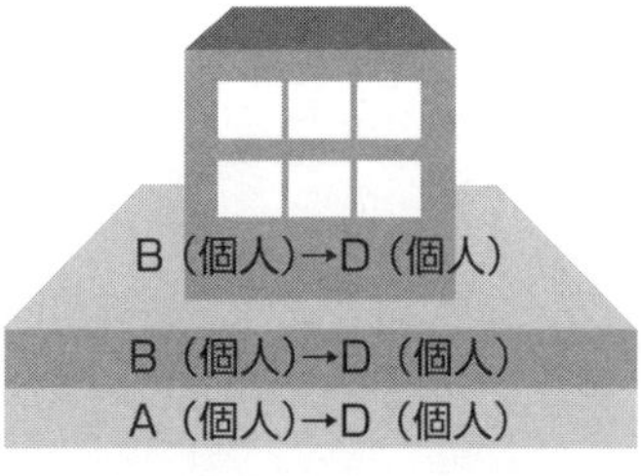

借地権及び土地（底地）の
権利の移転の原因に応じた
課税関係が生じる

（解説）

建物所有者（B）

〇所得税（譲渡所得）

土地所有者（A）

〇所得税（不動産所得・譲渡所得）

土地又は建物取得者（D）

〇贈与税　〇相続税

事例　個人の土地に法人が借地権を設定した場合

A（個人）の土地上にC（法人）が建物を建築し，借地権を設定した場合の課税関係はどうなるか。

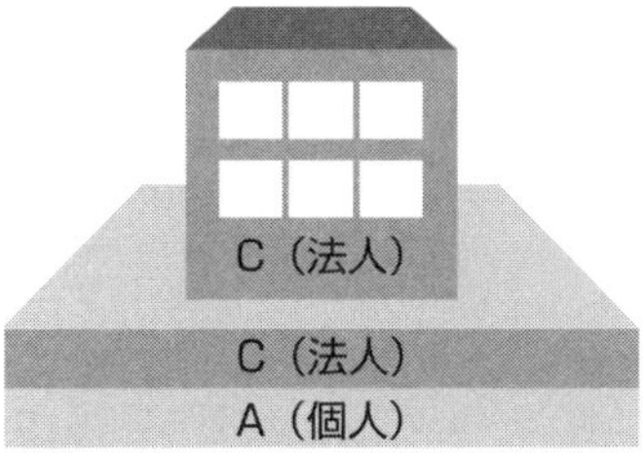

権利金相当額が認定課税
され借地権が発生する

（解説）

建物所有者（C）

〇法人税（権利金の支払い・地代の支払い）

土地所有者（A）

〇所得税（借地権設定による不動産所得又は譲渡所得。地代収入）

事例　法人の土地に個人が借地権を設定した場合

C（法人）の土地上にB（個人）が建物を建築し，借地権を設定した場合の課税関係はどうなるか。

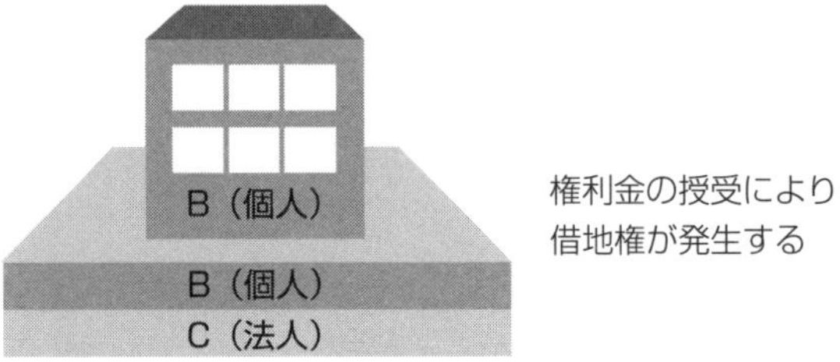

（解説）

建物所有者（B）

○所得税（権利金の支払い・地代の支払い）

土地所有者（C）

○法人税（権利金収入・地代収入）

事例　法人の土地に法人が借地権を設定した場合

C（法人）の土地上にE（法人）が建物を建築し借地権を設定した場合の課税関係はどうなるか。

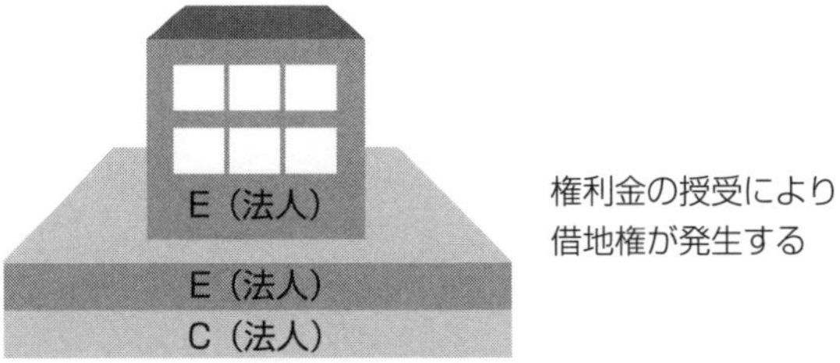

（解説）

建物所有者

〇法人税（権利金の支払い・地代の支払い）

土地所有者

〇法人税（権利金収入・地代収入）

IV
借地権をめぐる最近の状況

借地権と底地の問題においては，法律の改正を繰り返しながら，地主の権利が強い時代から借地権者の権利が強い時代へと変遷してきた。

地主は，戦後，戦火に焼け出された人に善意で土地を貸し，借地人は地主に感謝する，という人間関係が成立していたが，旧借地法，借地借家法などの法律によって借地権者の権利が強く保護されることになり，借地権の財産的価値が確立してきた。本来借地権の財産的価値は，近隣の取引事例等から算定されることになるが，現実的には国税庁が公表している路線価図に記載されている借地権割合に引きずられているように思われる。

この割合は，あくまで相続税の計算において借地権と底地を評価するために国税庁が定めているものであるが，この割合を絶対的なものと考えている方もいる。しかし実際の取引においては，参考程度に考えるべきである。

このような状況下において，特に地主は，自らが高齢者になり，相続問題を考えたとき，ある意味で底地は負の遺産であることから，借地権者と面識もあり，ある程度の人間関係も構築されている自分の代で解決したいと考えていることが多い（相続税においては，一般的な市場性がない底地が更地の40％や30％の額で評価され相続税が課税されることになるため，この問題の解決は，節税対策とは別の意味における相続税対策でもある）。

ここでは，この問題で悩んでおられる方のために，借地権問題を解決するための方法及びそれを巡る課税関係を解説する（地主側から見た解決方法）。

1 借地権の買取り

地主が借地権者から，時価で借地権を買い取る方法がある。

この場合に問題になるのが，まず時価の算定である。近隣に借地権の取引事例があればそれを参考にすることになるが，現実的には借地権の取引事例はあまり見当たらないのが現状である。そのような場合，国税庁が作成している路線価図に記載されている路線価及び借地権割合を参考にすることになる。

つまり，「路線価× 借地権割合÷0.8」(路線価は時価の80％程度と言われている）が目安となるが，前述のとおりこの借地権割合に拘束されることはなく，時価は取引の当事者間での合意に基づいて決定されることになる。

この「取引の当事者間での合意に基づいて決定された金額」と「路線価図に基づいて計算された金額」の間に階差が生じた場合の課税関係が問題となる。つまり，「路線価図に基づいて計算された金額」より地主が安く取得していれば，その差額について贈与税が課税されるのではないかとも考えられるが，当事者間において何らかの特別な事情がない限り「取引の当事者間での合意に基づいて決定された金額」は，「時価」であることから贈与税が課税されることはない。

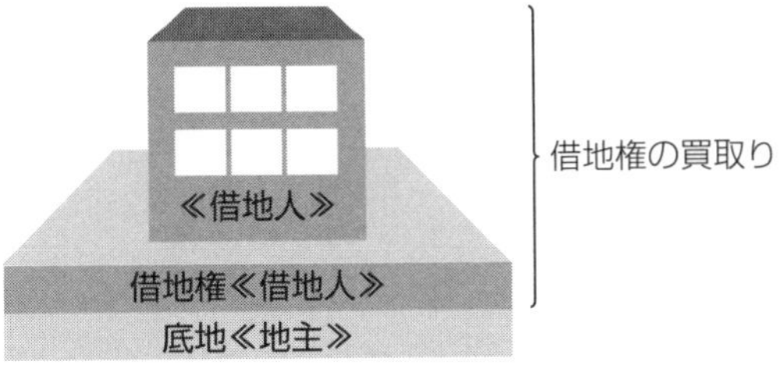

地主は，借地権を買い取ることにより，何の問題もない土地の所有権を取得することになり，負の遺産であった「底地」ではなく「所有権」として次の世代に引き継ぐことができる。

2 底地の売却

次に，地主が借地権者に底地を売却する方法がある。

この場合も時価の算定が問題となるが，その算定方法等は前述 1 と同様である。つまり「取引の当事者間での合意に基づいて決定された金額」が時価となるが，借地権者にある程度の資金力が必要になることから，この時価の決定に際しては，ある程度地主側が譲歩する，つまり「路線価図に基づいて計算された金額」

より安い金額で取引を成立させることにより，地主側は負の遺産である底地を解消することができる。

なお，借地権者に資金力がなく底地を買い取ることが困難な場合，近年においては底地を買い取る業者（かなり大手の不動産会社等）もかなり存在していることから，そのような業者に売却するという方法もある。

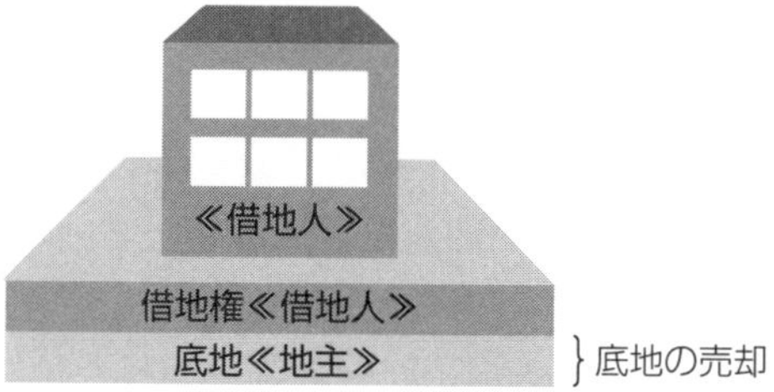

3 底地と借地権の交換

地主が底地を借地権者に譲渡し，その対価として借地権を取得するという方法もある。

この場合も時価の算定が問題となるが，その算定方法等は前述 1 と同様である。つまり「取引の当事者間での合意に基づいて決定された金額」が時価となり，それに基づいて底地と借地権の割合が決まり，交換されるそれぞれの地積が決まることになる。

この底地と借地権の交換は，交換後の地積が宅地として有効活用が可能な地積が確保されなければ成立しないため，ある程度の広さが求められるが，地主及び借地権者ともに金銭的な負担が生じないことから，ある程度の地積がある借地であれば前述の 1 及び 2 よりは成立しやすい取引である。

事例　**底地と借地権を交換した場合**

借地権割合60%で合意。地主は180㎡の底地を交換譲渡し，120㎡の借地権を交換取得する。その結果，120㎡の所有権になる。

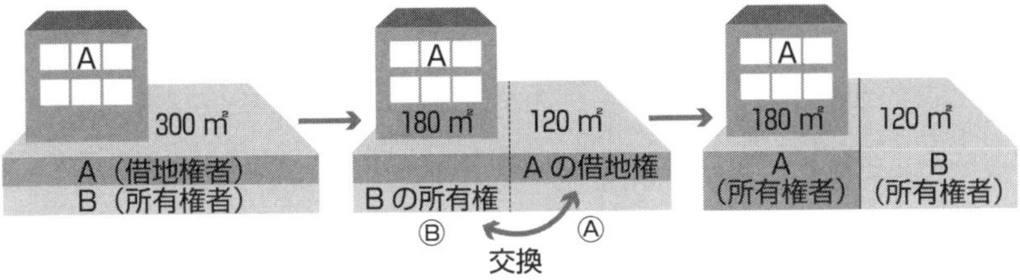

Ⓐ 300㎡×40%＝120㎡　Ⓑ 300㎡×60%＝180㎡

（解説）

上記のとおり，借地権割合60%（底地権割合40%）で合意し，地主は底地180㎡を譲渡し，借地権120㎡を取得した場合（交換差金はない），底地と借地権の等価交換であり，交換差金もないことから所得税法第58条に該当し課税関係は生じない。ただし，確定申告が要件である（所得税法第58条のその他の要件を満たしている場合）。

なお，交換直後にその土地（所有権）を売却する場合，所得税法第58条の適用要件を満たさないことになり，借地権部分については取得直後の売却となり短期譲渡所得として課税されるのではないかと危惧されるが，課税関係においては，底地部分全体について長期譲渡所得が課税されるだけである（借地権部分については，取得費＝譲渡価額となり譲渡所得が算出されない）。

第１部の第３章Ⅳ 2， 3 も参照されたい。

4 借地権の返還

借地権の返還については，所得税基本通達59－５において原則「譲渡所得の基因となる資産の移転」に該当するが，借地上の建物が著しく老朽化したことにより借地権が消滅した場合には，該当しない旨規定されている（所基通59－5(3)）。

つまり借地権とは建物所有を目的とする地上権又は賃借権であることから建物が著しく老朽化し借地権が消滅した場合には，みなし譲渡所得として課税されることはない。

法令・通達等を確認する

所得税基本通達

（借地権等の設定及び借地の無償返還）

59－5　法第59条第１項に規定する「譲渡所得の基因となる資産の移転」には，借地権等の設定は含まれないのであるが，借地の返還は，その返還が次に掲げるような理由に基づくものである場合を除き，これに含まれる。

(1)　借地権等の設定に係る契約書において，将来借地を無償で返還することが定められていること。

(2)　当該土地の使用の目的が，単に物品置場，駐車場等として土地を更地のまま使用し，又は仮営業所，仮店舗等の簡易な建物の敷地として使用していたものであること。

(3)　借地上の建物が著しく老朽化したことその他これに類する事由により，借地権が消滅し，又はこれを存続させることが困難であると認められる事情が生じたこと。

【第 1 部】

個人間における借地権

土地の無償使用による贈与税の課税

第1章

この章では，土地の無償使用の開始があった時の贈与税の課税の変遷及び現行の取扱いについて解説する。現行の取扱いでは無償使用の開始があった時に借地権相当額の贈与税の課税は行われないが，かつて贈与税の課税が行われていた時期があった。その時の課税関係，権利関係が今後の相続税等の課税関係に影響を及ぼす場合がある。

I

借地権課税の変遷（過去の取扱い）

1　土地の無償使用の場合の借地権課税の変遷

1　土地の無償使用の開始があった場合

土地を借用して建物等を建築する場合，借地権の取引の慣行のある地域では借地権相当額の権利金の支払いが行われ建物所有者に借地権が発生する。親子等親族間では借地権の認識が乏しく，借地権相当額の対価の授受がなく父親の土地の上に建物等を建築することがごく普通に行われていた。このような土地の無償使用の開始があった場合，課税当局がどのように取り扱ってきたかを示したのが次の表である。土地の無償使用の開始があった場合の取扱いには，表のように借地権相当額の贈与税等の課税があった場合，課税があったものとして取り扱う場合，課税が行われていなかったものとして取り扱う場合がある。これをみると課税の仕方に変遷があることがわかる。

昭和46年以前に無償による土地の貸借があった場合は，建物所有者の借地権の有無を適切に判断しなければならない。建物及び構築物（以下「建物等」という）を建築した時期によりその建物等に付随する借地権の有無が異なってくる。相続税及び贈与税の課税価額に大きな影響を及ぼすため十分検討する必要がある。また，その後の土地及び建物等の所有者の変遷によって権利が異なる。

現行の取扱いは1973年（昭和48年）に公表された「使用貸借に係る土地についての相続税及び贈与税の取扱いについて」（昭和48年11月１日直資２－189，以下「使用貸借通達」という）による。

【土地の無償使用の場合の借地権相当額の贈与税の課税の変遷】

贈与税課税上の取扱い	今後，相続・贈与があった場合の課税対象
昭和22年5月2日以前	
借地権相当額の贈与税の課税は行われていなかった。	建物所有者の異動⇒建物のみの価額 土地所有者の異動⇒自用地価額
昭和22年5月3日〜昭和33年12月31日	
借地権相当額の贈与税の課税は行われていたものとして取り扱う。	建物所有者の異動⇒建物のみの価額 土地所有者の異動 ①建物の所有者が異動していない場合⇒底地価額 ②建物の所有者が異動している場合 (1)借地権相当額の課税が行われている場合⇒底地価額 (2)借地権相当額の課税が行われていない場合⇒自用地価額
昭和34年1月1日〜昭和39年12月31日	
イ　夫と妻，親と子，祖父母と孫等特殊関係のある者相互間における居住用の建物の所有を目的とした土地の無償借受けがあった場合には，借地権相当額の課税は行われなかったものとして取り扱う。 ただし，納税者の申し出により贈与税を課税した事実が明らかなものについては，この限りでない。	建物所有者の異動⇒建物のみの価額 土地所有者の異動⇒自用地価額 ただし書きの場合 建物の所有者が異動している場合 ①借地権相当額の課税が行われている場合⇒底地価額 ②借地権相当額の課税が行われていない場合⇒自用地価額
ロ　イ以外の土地の無償借受けがあった場合には借地権相当額の贈与税の課税は行われていたものとして取り扱う。 ハ　土地の使用貸借の開始時において贈与税を課税した事案に係る建物等を相続又は贈与により取得した場合における相続税又は贈与税の課税は行われていたものとして取り扱う。	建物所有者の異動⇒建物のみの価額 土地所有者の異動 ①建物の所有者が異動していない場合 ⇒底地価額 ②建物の所有者が異動している場合 (1)借地権相当額の課税が行われている場合⇒底地価額 (2)借地権相当額の課税が行われていない場合⇒自用地価額
昭和40年1月1日〜昭和42年12月31日	
イ　配偶者，直系血族及び推定相続人である直系血族の配偶者など特別近親関係者で，かつ，自己の居住の用に供する家屋の所有を目的とした土地の無償借受け（借地権の一部について無償借受けがあった場合を含む）があった場合には，借地権相当額の贈与税の課税は行われなかったものとして取り扱う。 ただし，納税者の申し出により贈与税を課税した事実が明らかなものについては，この限りでない。	建物所有者の異動⇒建物のみの価額 土地所有者の異動⇒自用地価額

ロ　イに掲げる特別近親関係者に該当する場合であっても，建物と当該建物に係る敷地を併せ所有する者から建物のみの贈与を受け，土地の使用貸借の開始があったものについては借地権相当額の贈与税の課税が行われていたものとして取り扱う。 ハ　イ及びロ以外の土地の無償借受けがあった場合には，借地権相当額の贈与税の課税を行なったかどうかにかかわらず，全て贈与税の課税は行われていたものとして取り扱う。	建物所有者の異動⇒建物のみの価額 土地所有者の異動 ①建物の所有者が異動していない場合 ⇒底地価額 ②建物の所有者が異動している場合 ⑴借地権相当額の課税が行われている場合⇒底地価額 ⑵借地権相当額の課税が行われていない場合⇒自用地価額
昭和43年１月１日～昭和46年12月31日	
イ　全て借地権相当額の贈与税の課税は行われていなかったものとして取り扱う。	建物所有者の異動⇒建物のみの価額 土地所有者の異動⇒自用地価額
ロ　例外として，土地の無償使用開始時に借地権相当額の贈与税を課税した事案に係る建物等を相続又は贈与により取得した場合における相続税又は贈与税の課税は行われていたものとして取り扱う。	建物所有者の異動⇒建物のみの価額 土地所有者の異動 ①建物の所有者が異動していない場合 ⇒底地価額 ②建物の所有者が異動している場合 ⑴借地権相当額の課税が行われている場合⇒底地価額 ⑵借地権相当額の課税が行われていない場合⇒自用地価額
昭和47年１月１日以降	
現行の使用貸借通達による取扱い	現行の使用貸借通達による取扱い

２　土地の無償使用の開始があった場合の課税の事例

１の表「土地の無償使用の場合の借地権相当額の贈与税の課税の変遷」は次のように活用する。

⑴　「贈与税課税上の取扱い」

「贈与税課税上の取扱い」は土地の無償使用が開始された場合に建物所有者に借地権相当額の課税が行われていたか否かを表記している。これによると年により，また貸借の相手方との関係により課税関係が異なることがわかる。

「借地権相当額の課税が行われていたものとして取り扱う」という表記は，無償使用が開始した時に建物所有者に対して借地権相当額の課税が行われており，借地権があるということである。「借地権相当額の課税が行われなかったものとして取り扱う」とは，使用貸借であり建物所有者には借地権がないということになる。また，この場合でも借地権が課税されていることもあり，その旨納税者が申し出た場合は建物所有者に借地権があるとして取り扱う。

過去の経緯は上記のとおりであるが，実際に贈与税が課税されたかどうかには関わらず課税関係を取り扱うことになる。

⑵ 「今後，相続・贈与があった場合の課税対象」

この欄は，贈与税の課税の有無により，今後相続等が発生し，借地権相当額の帰属を判定する時に活用する。建物所有者に異動があった場合は原則として建物のみの価額が相続税等の課税価額となるが，土地所有者の土地価額は，建物所有者の異動の有無又は異動があった時に借地権相当額の課税の有無により自用地価額となる場合と底地価額になる場合があることに留意する。

2 底地の取得があった場合

借地権が設定されている土地（底地）を借地権者以外のものが取得し，借地権者との間に地代の授受が行われなくなることがある。例えば，父親が第三者の所有する土地に借地権を設定している場合に，その土地（底地）を子が取得し，父親が地代を支払うことがなくなったような場合である。この底地の取得は地代の授受がなくなることで事実上借地権相当額も底地所有者に移転したとみなされ贈与税の課税問題が起きる。現行の取扱いは後の項で説明するが，昭和46年12月31日以前に底地を取得した場合の取扱いは次のとおりである。

なお，今後相続・贈与があった場合の取扱いは，「使用貸借通達７」による。

【底地の取得があった場合の贈与税の課税の変遷】

現行通達前の事実関係	今後相続・贈与があった場合の取扱い
昭和46年12月31日以前	
イ　借地権の設定されている底地を借地権者以外の者が取得し，以後地代の授受が行われなくなった場合 ロ　建物及び借地権を土地（底地）の所有者以外の者が取得し以後地代の授受が行われなくなった場合	1．建物所有者の異動 …建物のみの価額 2．土地所有者の異動 ①建物の所有者が異動していない場合 …底地価額 ②建物の所有者が異動している場合 イ　借地権相当額の課税が行われている場合…底地価額 ロ　借地権相当額の課税が行われていない場合…自用地価額
昭和47年１月１日以降	
現行の使用貸借通達と同じ取扱い	現行の使用貸借通達と同じ取扱い

II

今後の取扱い（過去の課税関係を踏まえた取扱い）

1　土地の無償借受け時に借地権相当額の贈与税の課税が行われていなかった場合

昭和22年５月２日以前は土地の無償使用の開始があった場合，借地権相当額の贈与税の課税は行われていなかった。つまり使用貸借を認めていたわけで，現行の取扱いと同様である。昭和22年５月２日以前から使用貸借により建物を所有している場合は，次のように取り扱う。

○建物の所有者の相続について

⇒　建物のみの価額となる。

○土地所有者の相続について

⇒　使用貸借であることから，自用地価額となる。

昭和22年以前の建物はほとんどないので実務的にはあまり例がないであろう。

2　土地の無償借受け時に借地権相当額の贈与税の課税が行われている場合

1　借地権相当額の課税が行われている場合

現行の取扱いでは，使用貸借により土地の借受けがあった場合，借地権相当額の贈与税の課税は行われない。土地の無償使用ということで，建物等の所有者に対して借地権相当額の移転はないこととして取り扱っている。

かつては使用開始のあった時期により借地権相当額の贈与税の課税が行われていた時期があった。現行の取扱いが開始される以前（1971年（昭和46年）12月31日以前）に使用貸借による土地の借受けがあった場合は，借地権の帰属について適切に判定する必要がある。Ｉの表「土地の無償使用の場合の借地権相当額の贈与税の課税の変遷」のうち「今後相続・贈与があった場合の課税対象」を解説する。

2　使用貸借開始時の取扱い

1971年（昭和46年）12月31日以前の取扱いにより，建物等の所有を目的として無償で土地の借受けがあった時に贈与税が課税されている場合，その土地の相続税又は贈与税の課税価格に算入すべき価額は，次のように取り扱われる。なお,「贈与税が課税されている」場合とは現実に贈与税の課税が行われている場合の他「贈与税の課税が行われていたものとして取り扱う」場合を含むので注意する。

土地所有者から使用貸借によりその土地を借り受けて建物等を建築し，借地権の価額に相当する利益を受けたものとして借受者に贈与税が課税されていた場合を考える。

昭和45年に父Ａの所有する土地の上に子Ｂが自宅を建築したが，借地権の価額に相当する利益を受けたものとして借地権相当額の贈与税の課税があったとする。

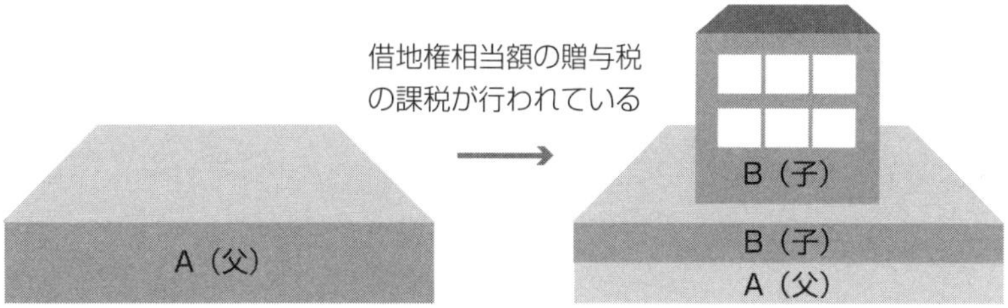

上記事実を前提として，今後建物等所有者と土地所有者に相続等があった場合,それぞれ次のように取り扱われる。

⑴　建物等の所有者の異動があった場合

使用貸借通達の施行以前に使用貸借により土地を借り受けて，借地権相当額の贈与税の課税が行われていることから，今後は，その建物等の自用又は貸付けの区分に応じ，それぞれその建物等が自用又は貸付けのものであるとした場合の価額とし，建物等の存する土地に係る借地権の価額に相当する金額を含まない。つまり，建物等そのものの価額となる（使用貸借通達６⑴)。具体的には次のとおりである。

子Bから孫Cへ建物等の相続・贈与があり，その時に建物等のみの相続税又は贈与税の課税が行われたような場合である。建物等のみの課税が行われたので借地権部分は建物等に付随しない。借地権は父Aに帰属する。

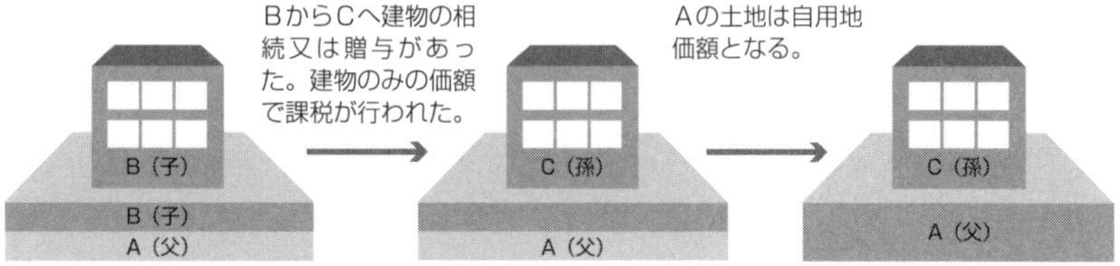

⑵ 土地所有者に異動があった場合

使用貸借通達の施行以前に使用貸借により土地を借り受けて，借地権相当額の贈与税の課税が行われている場合のその土地の所有者について，今後相続又は贈与があったときは建物等の所有関係により取扱いが異なる。

① 建物等の所有者が異動している場合で，建物等のみの課税が行われている場合

⑴で解説したケースである。この場合の土地は自用地価額となる（使用貸借通達6⑵）。

子Bから孫Cへ建物等の相続又は贈与があり，その時に建物等のみの相続税又は贈与税の課税が行われた。建物等に借地権が付随せず，土地は父Aの自用地価額で評価する。

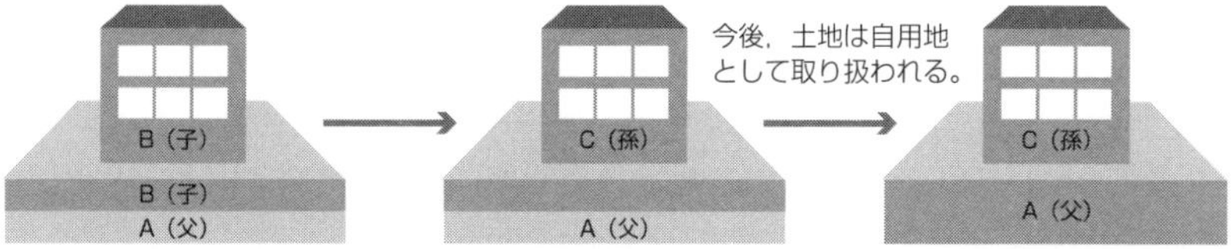

② 建物等の所有者が異動していない場合及び建物等の所有者が異動している場合で，その時に建物等のある土地について借地権相当額の相続税又は贈与税の課税が行われている場合

土地に対して借地権があるものとした価額つまり自用地価額から借地権相

当額を控除した価額（底地価額）となる（使用貸借通達６⑵）。

イ　子Ｂが建物を所有しているときに相続又は贈与により父Ａから土地を取得した場合，底地価額で課税が行われ，借地権部分は課税されない。

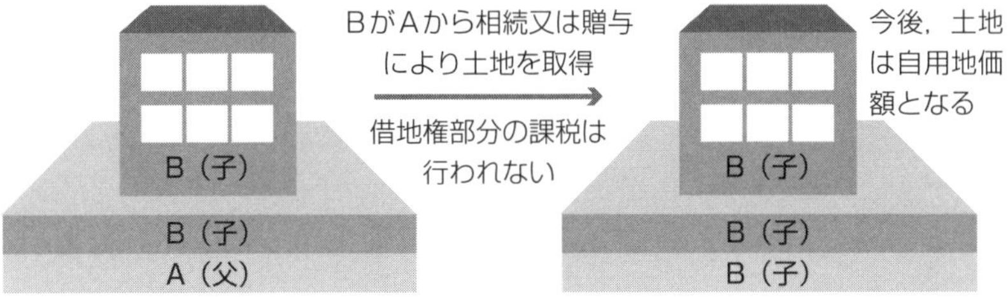

ロ　孫Ｃが相続又は贈与により土地を取得した場合，底地価額で課税が行われ，借地権部分は課税されない。孫Ｃが子Ｂから相続又は贈与により建物等を取得した場合，建物等のみの価額で課税が行われる。つまり，借地権部分はいずれの場合も課税されず，土地は孫Ｃの自用地として取り扱われる。

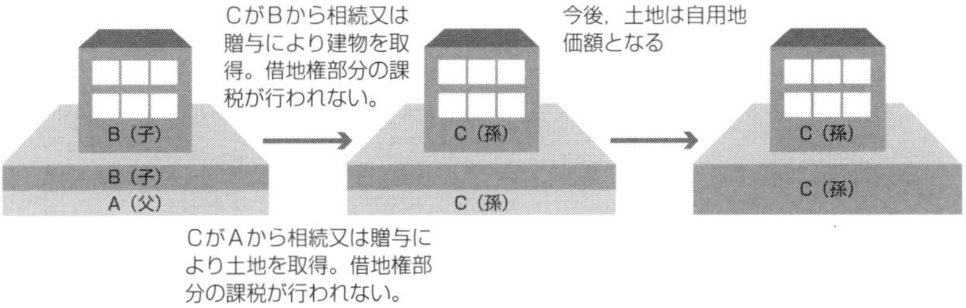

法令・通達等を確認する

使用貸借通達

（経過的取扱い　―　土地の無償借受け時に借地権相当額の課税が行われている場合）

６　従前の取扱いにより，建物等の所有を目的として無償で土地の借受けがあった時に当該土地の借受者が当該土地の所有者から当該土地に係る借地権の価額に相当する利益を受けたものとして当該借受者に贈与税が課税されているもの，又は無償で借り受けている土地の上に存する建物等を相続若しくは贈与により取得した時に当該建物等を相続若しくは贈与により取得した者が当該土地に係る借地権に相当する使用権を取得したものとして当該建物等の取得者に相続税若しくは贈与税が課税されているものについて，今後次に掲げる場合に該当することとなったときにおける当該建物等又は当該土地の相続税又は贈与税の課税価格に算入すべき価額は，次に掲げる場合に応じ，それぞれ次に掲げるところによる。

(1) 当該建物等を相続又は贈与により取得した場合　当該建物等の自用又は貸付けの区分に応じ，それぞれ当該建物等が自用又は貸付けのものであるとした場合の価額とし，当該建物等の存する土地に係る借地権の価額に相当する金額を含まないものとする。

(2) 当該土地を相続又は贈与により取得した場合　当該土地を相続又は贈与により取得する前に，当該土地の上に存する当該建物等の所有者が異動している場合でその時に当該建物等の存する土地に係る借地権の価額に相当する金額について相続税又は贈与税の課税が行われていないときは，当該土地が自用のものであるとした場合の価額とし，当該建物等の所有者が異動していない場合及び当該建物等の所有者が異動している場合でその時に当該建物等の存する土地に係る借地権の価額に相当する金額について，相続税又は贈与税の課税が行われているときは，当該土地が借地権の目的となっているものとした場合の価額とする。

3 借地権の目的となっている土地を通達施行前に借地権者以外の者が取得した場合

使用貸借通達の施行前である1971年（昭和46年）12月31日以前に，借地権の目的となっている土地（底地）を借地権者以外の者が取得し，その者と借地権者との間に土地の使用の対価としての地代の授受が行われないこととなった場合，建物等又は土地の相続税又は贈与税の課税価格に算入すべき価額は，次に掲げる場合に応じ，それぞれ次に掲げるところによる。

借地権の目的となっている土地を土地所有者から借地権者以外の者が取得した場合とは次のようなケースである。父Ａの有する借地権部分の底地を土地所有者から子Ｂが取得して，以後新しく土地所有者となった子Ｂに対して借地権者Ａから地代の支払がなくなった場合である。

事例　借地権の目的となっている土地を借地権者以外の者が取得した場合

昭和45年に父Ａの所有する借地権の底地を子Ｂが買い取り，子Ｂが地主となったが親子ということで地代の授受はなくなった。

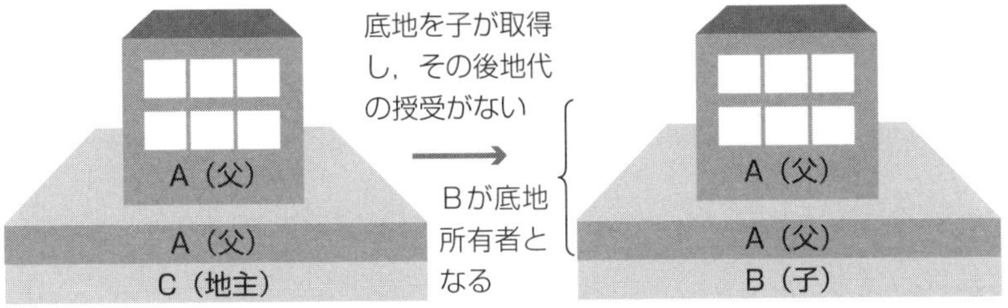

１　建物等を相続又は贈与により取得した場合

使用貸借通達の施行以前に借地権以外の者が底地を取得し，以後地代の授受がなくなった場合でも借地権は依然として建物所有者にある。

その建物等を相続又は贈与により取得した場合，自用又は貸付けの区分に応じ，それぞれ建物等が自用又は貸付けのものであるとした場合の価額とし，建物等の存する土地に係る借地権の価額に相当する金額を含まないものとする（使用貸借通達７(1)）。

建物及び借地権の所有者である父Ａから孫Ｃへ相続・贈与があった場合，建物のみの課税が行われる。

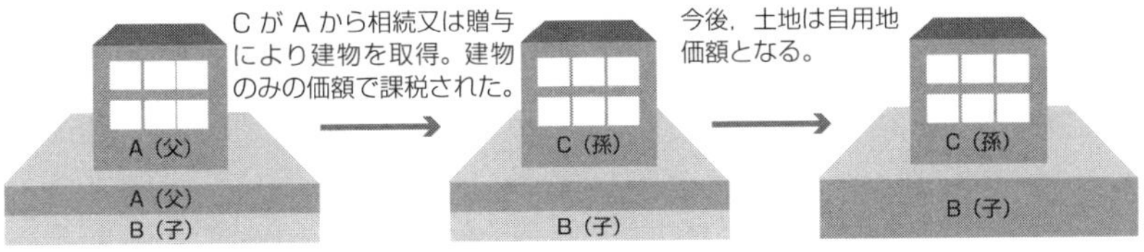

2　土地を相続又は贈与により取得した場合

⑴　その土地を相続又は贈与により取得する前に，土地の上に存する建物等の所有者が異動している場合

土地を取得した時に建物等の存する土地に係る借地権の価額に相当する金額について相続税又は贈与税の課税が行われていないときは，土地が自用のものであるとした場合の価額とする（使用貸借通達7⑵）。

建物が父Aから孫Cに異動するにあたって借地権相当額の相続税又は贈与税の課税が行われなかったので，借地権部分は土地所有者である子Bに異動することになる。この時に子Bに対する贈与税の課税は行われない。子Bの土地を使用貸借により孫Cが使用する形になる。

今後この土地を子Bから相続又は贈与により取得する場合は，自用地として取り扱われる。

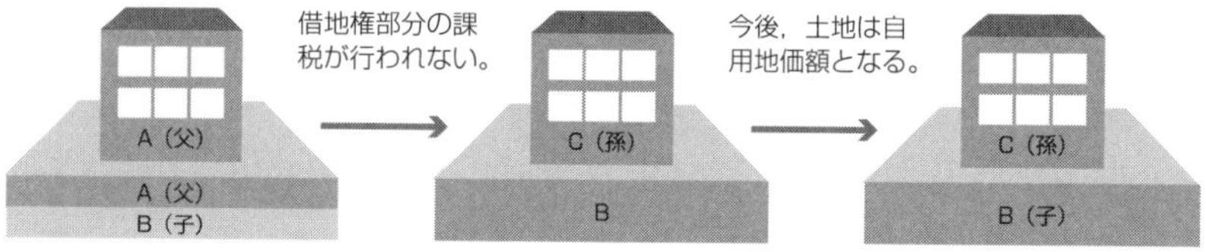

⑵　建物等の所有者が異動していない場合

土地が借地権の目的となっているものとした場合の価額とする。つまり底地価額とする（使用貸借通達7⑵）。

建物所有者が父Aである時に，父Aが土地（底地）所有者である子Bからその土地を相続又は贈与により取得した場合には，底地のみの価格で評価される。父Aは借地権及び底地を取得したため，この土地は自用地となる。

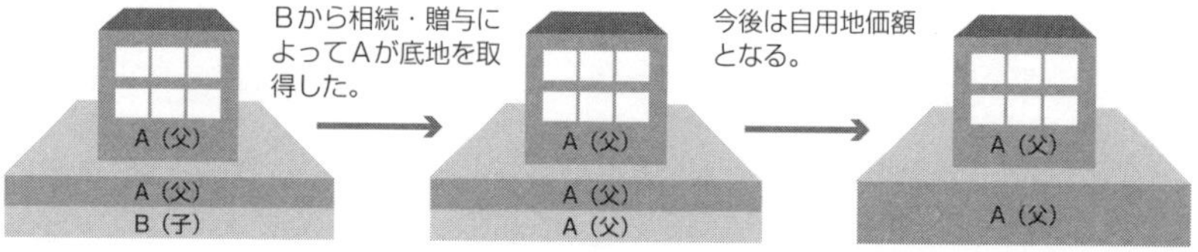

(3) 建物等の所有者が異動している場合で，その時に建物等の存する土地に係る借地権の価額に相当する金額について相続税又は贈与税の課税が行われている場合

土地が借地権の目的となっているものとした場合の価額とする。つまり底地価額とする（使用貸借通達７(2)）。

土地所有者である子Ｂから，孫Ｃがその土地を相続又は贈与により取得した場合，底地価額となる。Ｃの土地に父Ａが借地権を所有していることになる。その後，ＡからＤが建物を相続又は贈与により取得した場合，建物のみについて相続税又は贈与税の課税が行われる。借地権部分はＣに異動し，今後その土地は自用地として取り扱われる。

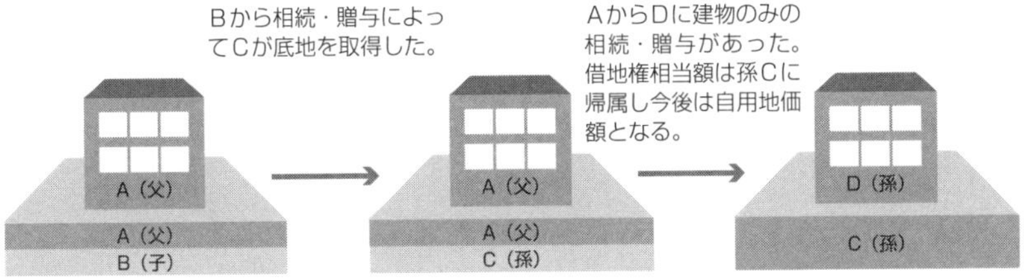

法令・通達等を確認する

使用貸借通達

（経過的取扱い　―　借地権の目的となっている土地をこの通達の施行前に当該借地権者以外の者が取得している場合）

７　この通達の施行前に，借地権の目的となっている土地を当該借地権者以外の者が取得し，その者と当該借地権者との間に当該土地の使用の対価としての地代の授受が行われないこととなったもの（この通達の施行後に処理するものを除く。）について，今後次に掲げる場合に該当することとなったときにおける当該土地の上に存する建物等又は当該土地の相続税又は贈与税の課税価格に算入すべき価額は，次に掲げる場合に応じ，それぞれ次に掲げるところによる。

(1)　当該建物等を相続又は贈与により取得した場合　当該建物等の自用又は貸付けの区分に応じ，それぞれ当該建物等が自用又は貸付けのものであるとした場合の価額とし，当該建物等の存する土地に係る借地権の価額に相当する金額を含まないものとする。

(2)　当該土地を相続又は贈与により取得した場合　当該土地を相続又は贈与により取得する前に，当該土地の上に存する当該建物等の所有者が異動している場合でその時に当該建物等の存する土地に係る借地権の価額に相当する金額について相続税又は贈与税の課税が行われていないときは，当該土地が自用のものであるとした場合の価額とし，当該建物等の所有者が異動していない場合及び当該建物等の所有者が異動している場合でその時に当該建物等の存する土地に係る借地権の価額に相当する金額について相続税又は贈与税の課税が行われているときは，当該土地が借地権の目的となっているものとした場合の価額とする。

III
使用貸借と借地権（現行の取扱い）

ここでは土地の使用貸借と借地権課税の現行の取扱いを解説する。既述のとおり，かつては他人の土地の無償使用の開始があった場合，使用貸借関係が認められたこともあり，認められずに借地権相当額の贈与税の課税が行われたこともあった。借地権相当額の認定が行われると，地価が高額な地域では税負担がとてつもなく大きくなる。現行では民法における使用貸借の概念で借地権相当額の贈与税の課税は行われず，これは当面の贈与税の課税を回避することにはなるが，将来の相続税の課税対象となることも意味する。この取扱いはしっかり理解していただきたい。

1　使用貸借に係る土地についての相続税及び贈与税の取扱い

1　借地権の設定

土地の上にその土地の所有者以外の者が建物等を建築した場合，その土地を使用収益する権利，原則として借地権が発生する。借地権取引慣行地域では，通常，権利金と呼ばれる借地権相当額の対価の授受が行われ，この権利は借地借家法により保護の対象となる。つまりその意に反して立退きを迫られることはない等，その権利が強固なものとなる。

他人間で土地の上に無償で建物等を建築させることや地代の授受がないことは考えられない。あえて対価の支払いがない場合は表現されない債権債務関係や特別な事情がある。しかし，親子兄弟等の親族間で建物等を建築する場合，借地権の認識が薄く，権利金の授受が行われないのが実状である。親が所有する土地の一画に息子又は娘夫婦が自宅を建築するなどが典型的な例である。親にしてみれば，建物等の建築資金をやっとの思いで捻出した子に対して，借地権相当額の権利金を支払わせ，更にその後の地代を支払わせるのは忍びないし，そもそも経済合理性がない。いきおい親の土地の無償使用となる。

土地の使用に際して権利金の授受がなくても建物所有者に必ず借地権が発生するとすれば，建物所有者に対して土地所有者から借地権相当部分が移転したと考えられる。これにより建物所有者に対する借地権相当額の贈与が発生することとなる。子にとって借地権相当額の課税が行われた場合，建物等の建築資金に加えて贈与税の負担が生じることとなる。

2　使用貸借

⑴　使用貸借とは

使用貸借とは，当事者の一方がある物を引き渡すことを約し，相手方がその受け取った物について無償で使用及び収益をして契約が終了したときに返還をすることを約することによって，その効力を生ずる契約行為である（民法593）。この規定の趣旨は，借用物をその性質によって定まった用法に従って使用収益をし，使用が終了した後に原状回復して返還することにある。本や車を友人に貸し，使用が終わった後にそのまま返却してもらうようなイメージである。2020年４月に施行された民法により，それまでの要物契約から諾成契約に変更された。賃貸借は使用貸借と同様，使用及び収益を相手方にさせることを約す契約であるが，賃料の授受があることが決定的に異なる。また，使用貸借は借主の死亡によって終了する（民法597⑵）ことから，財産権としての価値がない。

⑵　使用貸借と賃貸借の相違点

使用貸借と賃貸借は，⑴で説明したとおり，共に物の貸借であるが，相違点を整理すると次のようになる。

使用貸借	○　片務契約 ・　当事者の一方のみが債務を負う ○　無償契約 ・　対価の支払がない ○　諾成契約 ・　当事者の合意があれば契約が成立する ・　金銭授受がなくても法的拘束力が生じる
賃貸借	○　双務契約 ・　当事者双方が対価関係のある債務を負う ○　有償契約 ・　対価の支払がある ○　諾成契約 ・　当事者の合意があれば契約が成立する

３　使用貸借通達

⑴　使用貸借通達の公表

実生活において，自宅を取得するに当たって高額な土地取得資金の負担を避けるため，親の遊休土地の上に子が建物等を建築するケースは非常に多くある。この時に借地権相当額の贈与税の課税が行われた場合，納税者感情として納得できるものではなく，課税価格の査定や課税処分した後の紛争等，課税当局においての煩雑さも十分予測されることである。そのため，税務上は個人間で建物等を建築するに当たって土地を無償で使用した場合には借地権の存在を考えず，単に土地を使用貸借しているという取扱いが認められている。

特に借地権取引慣行地域ではその価額が底地の価額をしのぐ場合もあるため，税務上は常に問題となってきた。無償による土地の貸与については，相続税法基本通達９−10に「これらの特殊関係のある者間において，無償又は無利子で土地，家屋，金銭等の貸与があった場合には，法第９条に規定する利益を受けた場合に該当するものとして取り扱うものとする。」とあり，相続税法第９条に規定する「利益の価額に相当する金額」（経済的利益）とは借地権相当額であると取り扱われていた。しかし，借地権は，借地法により保護されている権利であり，土地の無償使用の場合においても借地権と同等の権利を認めること自体に無理があった。

妻が夫から土地を無償で借り受け，その上に共同住宅を建築して第三者に賃貸している事件で，大阪地裁は使用貸借を認め，経済的利益とは賃貸借における賃料相当額であると判じた（大阪地裁判決　昭和43年11月25日）。

この判決により借地権と使用貸借の取扱いが見直し・整備され，とりわけ資力・情報力の乏しい個人間の課税関係を整理しシンプルにするために，1973年（昭和48年）に使用貸借通達が公表された。この通達には借地権課税の詳細な取扱いが示されているが，基本は民法の使用貸借の概念を自用地や底地に適用したものである。

⑵　使用貸借通達の前提

①　使用貸借通達は個人間における土地の貸借関係に適用される（使用貸借通達前文）。

②　土地所有者又は借地人（建物等所有者）のいずれかが法人である場合は，使用貸借通達は適用されず法人税法の取扱いに準拠する。

法人税法上の取扱いについては法人税法施行令第137条，第138条，法人税基本通達13－１－１以降に規定されている。例えば，次のような場合は法人税法の取扱いによる。

③　使用貸借とは他人の所有物を無償で使用する契約であるが，借用物の通常

の経費は，借用者の負担となる。土地の場合は土地に対する固定資産税等の公租公課程度の負担がある場合も含まれる（民法595，使用貸借通達１）。これら経費相当額の負担は，賃料とみなされない。

法令・通達等を確認する

民法

（使用貸借）

第593条　使用貸借は，当事者の一方がある物を引き渡すことを約し，相手方がその受け取った物について無償で使用及び収益をして契約が終了したときに返還をすることを約することによって，その効力を生ずる。

（借用物の費用の負担）

第595条　借主は，借用物の通常の必要費を負担する。

裁判例（使用貸借による使用は，借地権として評価することは合理的ではないと判示した事例）

（昭和43年11月25日　昭和42年（行ウ）第83号　大阪地裁判決）

被告は，本件土地の使用関係が，無償の地上権であることを前提として借地権割合により本件土地の使用に伴う原告の経済的利益の金額を計算すべきであると主張する。しかしながら原告の本件土地の使用関係は，前記の如く使用貸借に基くものであるため借地権の存在を前提とした計算方法をとることはできないから被告の右主張は理由がない。

ただ念の為め使用貸借の場合においても，借地権割合を類推することが可能かどうかについても一応考察してみよう。借地権の周知の如く借地法，建物保護に関する法律等により法の手厚い保護の下にあり，そのため土地所有権のうち相当部分が借地権によって浸蝕され或いは代替されているとの観念を生じこれが俗に借地権割合として評価されているものである。これに反し，使用貸借は，無償の使用関係として交換経済の埒外にあるため借地権のような諸立法による社会的保護とは無関係であり農地を除いては，極めて劣弱な保護しか与えられていない。例えば契約の解消（民法597条599条），貸主の担保責任（同法596条），借主の費用負担（同法595条）等の諸点において借地権に比し著るしい差異があり，この差異はとりも直さず所有権に対する使用借権の制約が借地権の比し微弱であることを証明する。されば，後記の如く，使用貸借による土地使用の利益を使用料として把握するなら格別，その他に，所有権に対する使用借権の制約を借地権割合の如きものとして評価することは，その共通の地盤を欠く点において，又，右の制約に対する借地権割合のような一般的標準の存在しない現在において，甚だ困難であるのみならず，更に加えて，本件の場合は，夫婦間の使用貸借であるため貸主たる夫は，民法第754条によりいつでも契約の取消ができるから原告の有する使用借権は，普通の使用貸借の場合に比べて一層薄弱となっており，このことは，契約の取消に際し，第三者の権利を害することができないので土地の交換価値の或程度の下落を来すことがあるとしても，原告の有する使用借権の価値自体の評価とは関係がなく，これを左右する原因となるものではない。従っていずれにしても借地権割合をもつて利益を評価する計算方法は，使用貸借については，そのまま適用に堪えないものといわざるをえない。

（TAINS　Z053-2382）

2 使用貸借による土地の借受けがあった場合

1　使用貸借による土地の借受けがあった場合とは

建物等の所有を目的とした土地の貸借に際して，権利金その他の一時金を支払う取引上の慣行がある地域においては，その設定の対価としてその借地権の額に見合った権利金等の授受が行われる。

ただ，個人間，とりわけ夫婦，親子，兄弟等親族間では権利金等の授受がなく無償による土地の貸借が行われることが多いのが現状である。このことは借地権の設定に際して権利金等の授受の慣行がある地域においても同様である。

親族間においては契約という行為が存在するかどうか疑わしいことも多いのであるが，このような契約が行われた場合は，民法の使用貸借の概念を取り入れて土地の使用貸借ととらえることとしている。つまり，建物等を所有するにあたっての土地の借用は使用貸借契約によるものであり，将来その土地はそのままの状態，つまり，自用地として返還するという契約である。

2　使用貸借による土地の借受けのケース

使用貸借による土地の借受けとは，単に更地の上に建物等を建築するだけではなく，次のケースが想定される。事例として父と子の貸借関係としたが，これは理解するためのイメージであり，個人間の契約であれば，その関係は問われない。以下，本書において同様である。

⑴　父Ａの土地に子Ｂが建物等を建築した場合

ＡＢ間は使用貸借であるため，借地権の課税関係は生じない。

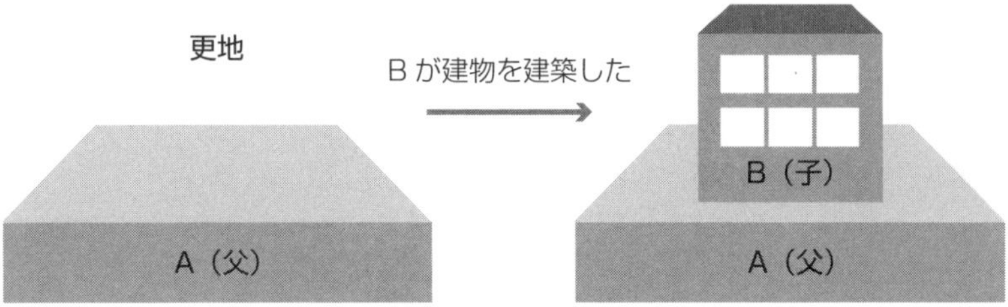

⑵　土地・建物等を所有している父Ａから子Ｂが建物等の贈与を受けた場合

Ｂに対して建物のみの贈与を行っているため，贈与価額は建物の固定資産税評価額となる。ＡＢ間は使用貸借であるため借地権の課税関係は生じない。

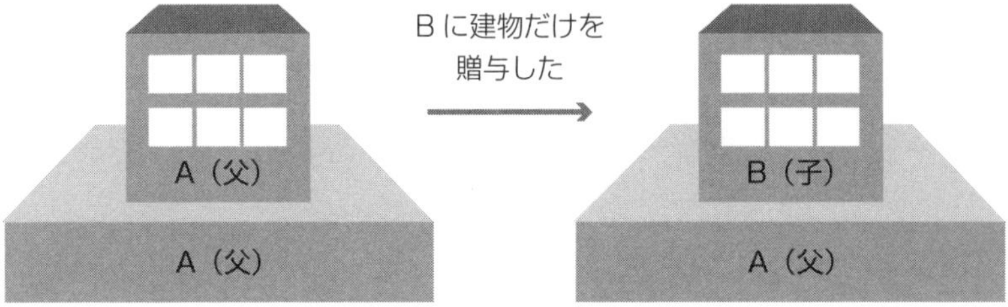

⑶　土地・建物等を所有している父Ａから子Ｂが土地の贈与を受けた場合

ＡＢ間は使用貸借であるため，Ｂは自用地の贈与を受けたこととなる。

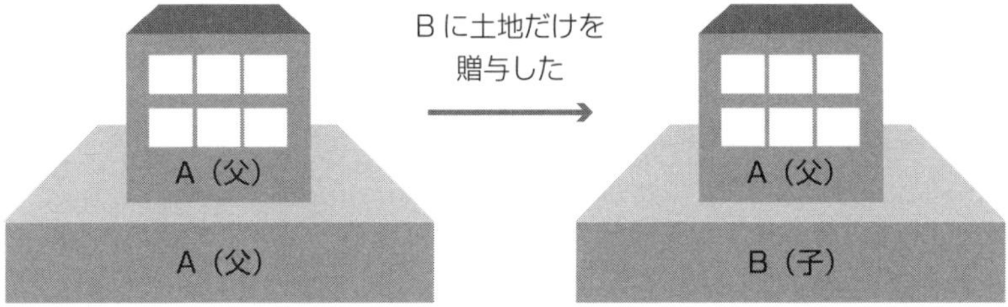

⑷　土地及び貸付用家屋を所有している父Ａから子Ｂが土地の贈与を受けた場合

ＡＢ間は使用貸借であるため，Ｂには⑶と同様に借地権はないが，建物が貸家であるため，貸家建付地評価となる。

3　相続等の取扱い

使用貸借関係はその土地に対する借地権等，第三者の権利が付随することにならないため，常に自用地となる。建物所有者にはその土地に対する権利がない。その土地の使用貸借に係る使用権の価額は，零として取り扱うこととなる。使用貸借による借地人の権利は非常に弱いものである。

親族間に借地権の存在を認定して権利金相当額の贈与税を課税することには無理があるため，このような取扱いが行われる。

使用貸借による土地の借受けがあった場合の取扱いは相続，遺贈又は贈与（以下「相続等」という）により取得した土地建物等に適用される。現行制度の基本である。

権利者	財産の価額
建物を相続等により取得した者	課税対象額は建物の価額
土地を相続等により取得した者	課税対象額は土地の自用地としての価額

事例　**使用貸借により家屋を建築した場合**

父Aの宅地の上に子Bが使用貸借により建物を建築した。宅地の相続税評価額は4,000万円，建物の固定資産税評価額は850万円である。BはAの宅地の固定資産税を毎年支払っている。Aが死亡した場合の宅地の価額はいくらか。

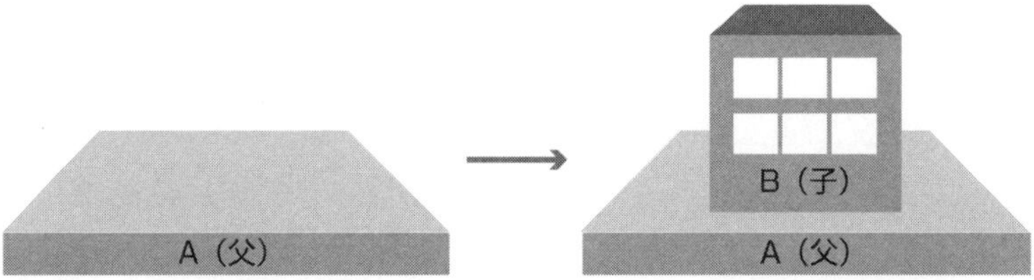

（解説）…………………………………………………………………………………………

使用貸借による土地の借受けがあった場合，建物所有者に何らの権利が発生しないため，相続税の取扱いは次のようになる。

①　Ａに相続開始があった場合

Ａの宅地は「自用地」として評価する（使用貸借通達３）。評価額は4,000万円である。

②　Ｂに相続開始があった場合

Ｂの所有する建物には借地権がないため，建物の価額のみが相続財産となる（使用貸借通達４）。評価額は850万円である。

③　借用物の経費

借主は借用物の通常の必要費を負担することになる（民法595）。そのためその土地の固定資産税等の経費を借主が負担することがあるが，この程度の負担は権利金等に代わるものではない（使用貸借通達１）。

事例　**使用貸借により貸家を建築した場合**

父Ａの所有する土地の上に子Ｂが建物を建築した。Ｂはその建物を貸家として貸し付けている。この場合，Ａの所有する土地は貸家建付地となるか。

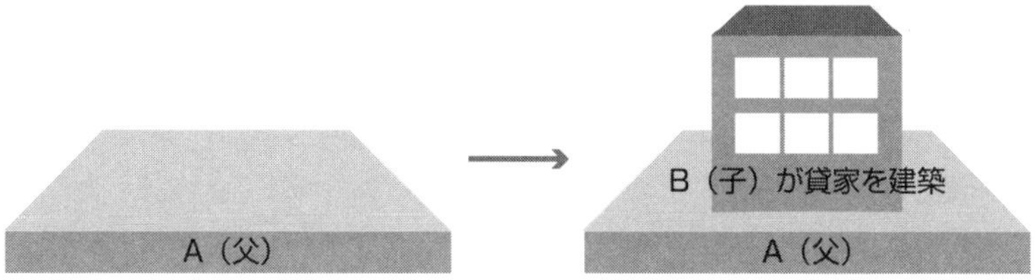

（解説）…………………………………………………………………………………………

使用貸借により貸し付けている土地等を相続等により取得した場合，その土地等に対して他人の権利がないため次のように取り扱われる。

①　Ａに相続開始があった場合

Ａが所有する土地は「自用地」として評価する（使用貸借通達３）。

② Bに相続開始があった場合

Bの建物には借地権はないため，建物の価額のみが相続財産となる（使用貸借通達４）。なお建物は，貸家として評価する。

③ 建物が貸付用である場合

建物を建築し，それを他人に貸し付けるということは建物の利用権を認めるとともに，その建物の敷地の利用権も認容することである。貸家建付地として評価額を減じるのは，土地所有者の自由な利用が制限されるためである。Aの土地の上にBが貸家を建築した場合においても，権利関係が使用貸借であれば借地権やその他の権利は発生しない。よって土地は貸家建付地評価とならず，自用地として評価する。

事例　使用貸借中の土地建物を同時に譲渡した場合の譲渡代金の配分

父Aの所有する土地の上に子Bが使用貸借により建物を建築して居住している。この土地と建物を今年4,300万円で譲渡することにした。建物の価額は約300万円で土地は4,000万円である。Bが新しく土地と建物を取得する予定であるので，譲渡した建物価額に借地権相当額として土地代金の６割を上乗せしてBと分配しようかと考えているが，贈与税の問題があるか。

（解説）……………………………………………………………………………………

Bは使用貸借により建物を所有しているため，敷地に対する権利は一切ない。その建物を譲渡した場合は，建物の価額のみが譲渡収入金額となる。もし，譲渡代金のうち借地権相当額をBが取得した場合は，贈与税の対象となる。新しい土地建物の取得資金が不足し，Aがその不足分を充当する場合は相応の持分登記をすることにより贈与税の課税は避けられる。

事例　使用貸借中の土地家屋が収用された場合の補償金の取扱い

父Ａの土地の上に使用貸借で子Ｂが建物を所有していた。この土地が道路拡幅のために全部市に収用されることになり，Ｂに対しても使用貸借による補償金が支払われた。この補償金は収用補償金の5,000万円の特別控除の対象になるか。

（解説）……………………………………………………………………………………

建物所有者は使用貸借中の土地に対する権利はなく，土地補償金の全額が土地所有者に帰属すべきものである。土地補償金の一部を使用借権者に交付すれば贈与税の課税対象となる。

建物所有者は建物補償金を受け取ることとなる。建物補償金は移転補償であり一時所得の対象であるが，建物を取り壊した場合は対価補償となり収用の課税の特例の対象となる。

なお，Ａは土地に対する補償金の全額が対価補償となり収用の課税の特例を適用することができる。

事例　貸家のみを贈与した場合の敷地の評価

父Ａはアパート及びその敷地を所有していたが，アパート（建物）だけを子Ｂに贈与した。土地の固定資産税をＢが支払う約束で，土地は使用貸借とした。Ａが死亡した場合，アパートの敷地は貸家建付地評価となるか。

（解説）……………………………………………………………………………………

アパートの住人は貸主Ａとの賃貸借契約により建物の敷地を利用する権利が生じる。建物の所有者が変わったとしても，その利用権はある。よって敷地は貸家建付地となる。ただし，ＡとＢとの関係は使用貸借によることから，贈与後にＡとの契約による住人が退去して，新たにＢとアパートの賃貸借契約により住人となった者はその敷地の利用権がないので利用する面積に応じた敷地の部分は自用地評価となる。

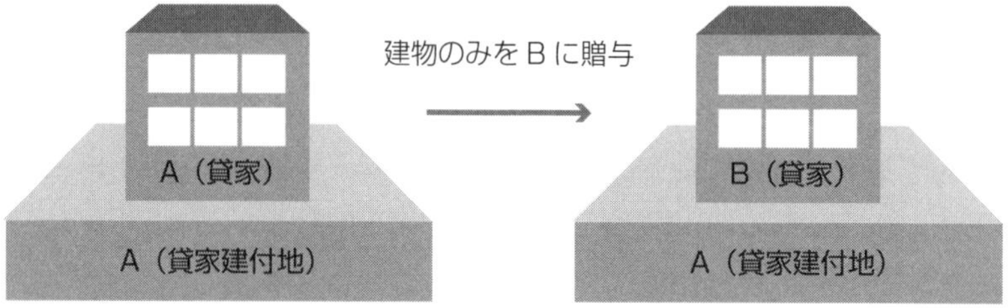

法令・通達等を確認する

使用貸借通達

（使用貸借による土地の借受けがあった場合）

1　建物又は構築物（以下「建物等」という。）の所有を目的として使用貸借による土地の借受けがあった場合においては，借地権（建物等の所有を目的とする地上権又は賃借権をいう。以下同じ。）の設定に際し，その設定の対価として通常権利金その他の一時金（以下「権利金」という。）を支払う取引上の慣行がある地域（以下「借地権の慣行のある地域」という。）においても，当該土地の使用貸借に係る使用権の価額は，零として取り扱う。

この場合において，使用貸借とは，民法第593条に規定する契約をいう。したがって，例えば，土地の借受者と所有者との間に当該借受けに係る土地の公租公課に相当する金額以下の金額の授受があるにすぎないものはこれに該当し，当該土地の借受けについて地代の授受がないものであっても権利金その他地代に代わるべき経済的利益の授受のあるものはこれに該当しない。

（使用貸借に係る土地等を相続又は贈与により取得した場合）

3　使用貸借に係る土地又は借地権を相続（遺贈及び死因贈与を含む。以下同じ。）又は贈与（死因贈与を除く。以下同じ。）により取得した場合における相続税又は贈与税の課税価格に算入すべき価額は，当該土地の上に存する建物等又は当該借地権の目的となっている土地の上に存する建物等の自用又は貸付けの区分にかかわらず，すべて当該土地又は借地権が自用のものであるとした場合の価額とする。

（使用貸借に係る土地等の上に存する建物等を相続又は贈与により取得した場合）

4　使用貸借に係る土地の上に存する建物等又は使用貸借に係る借地権の目的となっている土地の上に存する建物等を相続又は贈与により取得した場合における相続税又は贈与税の課税価格に算入すべき価額は，当該建物等の自用又は貸付けの区分に応じ，それぞれ当該建物等が自用又は貸付けのものであるとした場合の価額とする。

法令・通達等を確認する

裁決例（無償で使用していた土地に，固定資産税を上回る地代を支払ったとしても借地権が生じるわけではないとした事例）

（2019年（令和元年）9月17日　裁決）

物の使用収益に伴う金員の支払があったとしても，それが対象物の使用収益に対する対価の意味を持たない金員の支払である場合には，民法第601条に規定する賃貸借には該当せず，同法第593条に規定する使用貸借に該当するというべきである。

そして，建物等の所有を目的とした土地の貸借契約には，賃貸借契約又は使用貸借契約があるが，その契約が賃貸借契約であるか使用貸借契約であるかは，その貸借が対価を伴うものであるか否かにより決せられるべきものであり，交付された現金等がある場合にそれが対価性を有するか否かは，当事者の主観的意思を無視はできないものの，これにとらわれることなく客観的に判断すべきものと解され，具体的には，その契約における権利金の有無，支払地代の水準，貸主と借主との関係及びその契約の経緯や趣旨を総合的に考慮して判断すべきものと解される。

（中略）

請求人らは，使用貸借通達1は，土地の貸借において，当該土地の公租公課に相当する金額以下の金額の授受があるにすぎないものは使用貸借に該当する旨定めており，本件各土地の賃料の年額は本件相続の開始の年の固定資産税等の額を上回っていることから，本件各土地の貸借関係は賃貸借に該当する旨主張する。

しかしながら，使用貸借通達1は，土地の公租公課に相当する金額以下の金額の授受があるにすぎないものは使用貸借に該当する旨を例示したものであって，支払地代の水準が土地の公租公課の額を上回る場合に，直ちにその土地の貸借関係が賃貸借になることを定めたものとは認められない。

（中略）

請求人らは，本件各土地につき，本件土地契約は相続税を不当に回避する目的で締結したものではないこと，本件被相続人が本件各土地の賃料の額を確定申告していたことなどから，本件各土地の貸借関係は賃貸借に該当する旨主張する。

しかしながら，本件土地契約が相続税を不当に回避する目的で締結したものではないとしても，また，本件被相続人が確定申告をしていたとしても，本件各土地の貸借関係が賃貸借となるようなものでもない。

（TAINS　J116-3-07）

3 使用貸借による借地権の転借があった場合

1　借地権の転借とは

借地権を有する者のその借地権を借用して建物等を建築することがある。次のケースが考えられる。

① 父親の借地権上の建物を子に贈与する

② 父親の借地権上の老朽化した建物等を取り壊して，子が建物等を建築する

借地権は建物の所有と密接不可分なものと考えれば，親の借地権の上に子が建物等を建築することによりその借地権が子に移転すると考えられる。その借地権相当額の対価の授受がなければ借地権の贈与となり，贈与税の課税の問題が起きる。通常，親子等親族間では借地権の移転に対して売買，贈与等の契約意識が薄いが，財産権の問題であるのでこの権利関係を明確にする必要がある。

2 使用貸借による借地権の転借があった場合とは

⑴ 使用貸借による借地権の転借

父親の借地権の上に子が建物等を建築するにあたって，借地権相当額の対価を支払うことがなく単に父親の借地権を借用する場合，父から子に借地権の移転はなかったものと捉えることができる。借地権を使用貸借によって借り入れ，その上に建物等を建築した場合は目には見えないが借地権を使用したこととなり，使用貸借による土地の借受けがあった場合と同様の考え方を取ることができる。この場合，借地権者は依然として父親であり，子は建物のみの所有権があるとみることができる。

⑵ 賃貸借による借地権の転借

賃貸借により借地権を転貸した場合，賃貸した借地人の権利は転貸借地権であり，転借した借地人の権利は転借借地権となる。この場合，転借借地権は財産権であることから，無償の移転の場合，贈与税の課税の問題が生じる。

3 使用貸借による借地権の転借のケース

使用貸借による借地権の転借においては，借地上の建物等の贈与の場合と借地上に新たに建物等を建築させるケースが想定される。

⑴ 父Aの借地上の建物等を子Bが贈与により取得した場合

① BはAが所有する建物等の贈与を受ける。

② Aの借地権の贈与は受けない。売買も行わない。

③　借地権が建物等に付随すると考えれば，借地権相当額の贈与税の課税の問題が生じる。

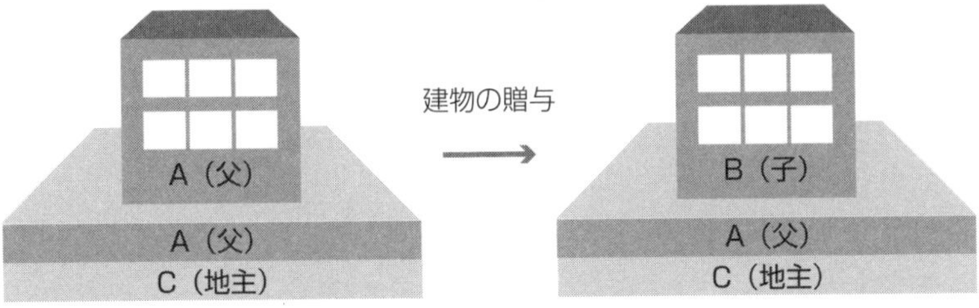

(2)　父Ａの借地上の建物等を取り壊し，その後子Ｂが建物等を建築した場合

①　ＢはＡの借地権の上に新たに建物等を建築した。

②　Ａの借地権の贈与は受けない。売買も行わない。

③　借地権が建物等に付随すると考えれば，借地権相当額の贈与税の課税の問題が生じる。

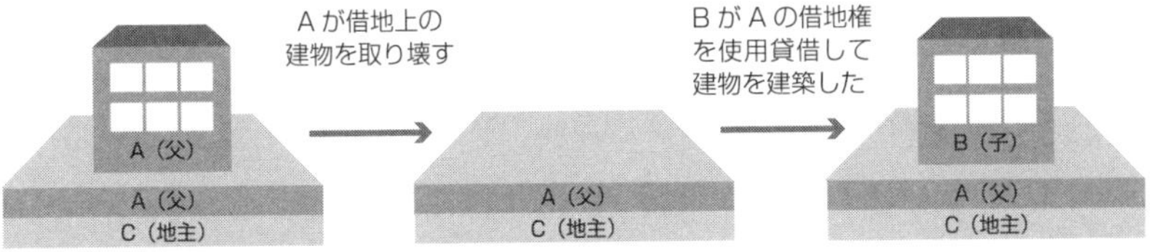

４　借地権の使用貸借に関する確認書

(1)　借地権の転貸借は何が問題か

借地権の上に借地権者の親族が使用貸借により建物等を建築した場合や借地上の建物を贈与した場合，借地権の売買や借地権者の名義変更を行うことがないとすると，借地権者は借地権を使用貸借により貸し付けていることになる。土地や建物等の所有者は登記により所有権を明確にできるが，借地権者はその権利の具体的な表示をすることができない。建物等の名義が変更され，借地権を使用貸借することにより借地権者の権利が表面上消滅してしまう。ここで贈与税の課税が行われず，当然相続税も課税されずに借地権という高額な資産が自然に建物等所有者に移転することになる。

⑵ 「借地権の使用貸借に関する確認書」とは

表面上消滅してしまった借地権であるが，借地権者の財産の価値は変わらない。相続が発生した場合，調査により借地権の申告漏れの指摘を受けることが往々にしてある。借地権の価額は高額となるため，申告漏れを指摘された場合の加算税や延滞税の負担も高額となる。相続財産の申告漏れを避けるためには，借地権者の権利を文章で確定しておく必要がある。

そのことを確認するための書類が「借地権の使用貸借に関する確認書」（以下本書において「確認書」という）である（使用貸借通達２注１）。この確認書は借地権者及び借地権の使用者が署名することはもちろん，さらにその土地を貸している地主の承諾も必要である。このことにより借地権者は，その後も引き続き借地権者であることとなる。

「３ 使用貸借による借地権の転借のケース」をもとに，「借地権の使用貸借に関する確認書」を記載した例を66ページに示した。

⑶ 「借地権の使用貸借に関する確認書」の留意点

① 「借地権の使用貸借に関する確認書」の提出期限は定められていないが，将来の相続税及び贈与税の課税関係に影響が大きいため，事実が生じた時点で速やかに提出すべきものである。

② 将来の相続発生の時に浮かび上がる書類である。数年後，数十年後を見据えて，提出した確認書の控えを確実に管理保管しなければならない。

③ この確認書は借地権者のみならず建物所有者の権利関係を明確にするものである。建物所有者に相続が発生した場合に借地権がないことを証明するものとなる。

④ 借地権の転借の際に対価の授受があった場合のようにその貸借が使用貸借に該当しないものであるときは，その実態に応じ，借地権又は転借権の贈与として贈与税の課税関係が生ずる場合があることに注意する（使用貸借通達２注２）。

例えば建物等の取得者が，地主と賃貸借契約を結んだ場合，従前の借地人から借地権の贈与があったとして，借地権相当額の贈与税が課税される。

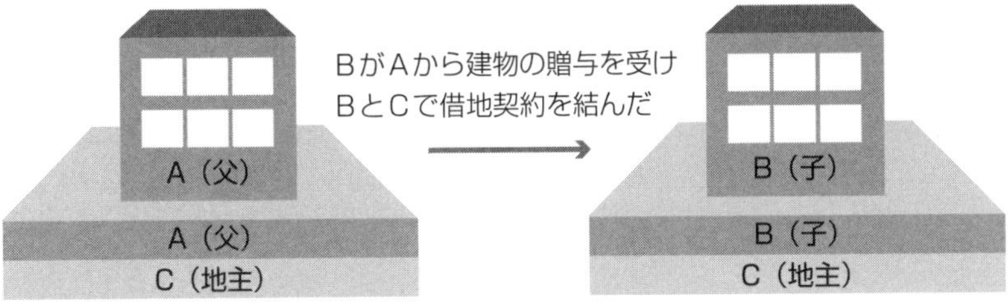

5　相続等の取扱い

(1)　相続が開始した場合の権利の価額

借地権を有する者からその借地の目的となっている土地の全部又は一部を使用貸借により借り受けてその土地の上に建物等を建築した場合，又は借地権の目的となっている土地の上に存する建物等を贈与により取得し，その借地権者からその建物等の敷地を使用貸借により借り受けることとなった場合，その借地権の使用貸借に係る使用権の価額は，零として取り扱われる（使用貸借通達２）。これは借地権取引慣行地域においても同様である。

その後，相続，贈与があった場合の取扱いは次のとおりである。

権利者	財産の価額
建物等を相続等により取得した者	課税対象額は建物等の価額
借地権を相続等により取得した者	課税対象額は借地権の自用地としての価額
土地を相続等により取得した者	課税対象額は底地の価額

(2)　借地権の贈与・譲渡があった場合の価額

転借権者が借地権者に対し，転借権の対価を支払い，地主の承諾を得ている等，借地権の無償使用とみなされない場合は，転借権の贈与税もしくは譲渡所得の課税の問題が生じる。転借権とみなされれば課税関係が異なることに留意する。

借地権の使用貸借に関する確認書

① （借地権者） （借受者）

A は，B に対し，令和　年　月　日にその借地している下記の土地 { に建物を建築させることになりました。 / の上に建築されている建物を贈与（譲渡）しました。 }

しかし，その土地の使用関係は使用貸借によるものであり，（借地権者）A の借地権者としての従前の地位には，何ら変更はありません。

記

土地の所在 ____________________

地　　積 ____________ ㎡

② 上記①の事実に相違ありません。したがって，今後相続税等の課税に当たりましては，建物の所有者はこの土地について何らの権利を有さず，借地権者が借地権を有するものとして取り扱われることを確認します。

令和　年　月　日

借 地 権 者（住所）____________ （氏名）A

建物の所有者（住所）____________ （氏名）B

③ 上記①の事実に相違ありません。

令和　年　月　日

土地の所有者（住所）____________ （氏名）C

※

上記①の事実を確認した。

令和　年　月　日

（確認者）____________ 税務署 ____________ 部門　担当者

（注）※印欄は記入しないでください。

事例　「借地権の使用貸借に関する確認書」を提出している場合

父Ａの借地権の相続税評価額は2,800万円，子ＢがＡの借地上に所有する家屋の固定資産税評価額は850万円である。Ｂは建物を建築するにあたって「借地権の使用貸借に関する確認書」を提出している。Ａ又はＢに相続があった場合それぞれの相続財産は何か。

（解説）……………………………………………………………………………………

Ａに相続が発生した場合，Ａには登記簿謄本等の具体的な権利を証明する書類はないが，依然として借地権者であるため借地権が相続財産となる。この場合，借地権2,800万円が相続税評価額である。

借地権を使用貸借により借用しているＢに相続が発生した場合，Ｂの建物には借地権がないため，建物の価額850万円が相続財産となる。

事例　借地権の一部を使用して建物を建築した場合

子Ｂは父Ａの借地権の一部を借用して建物を建築した。権利金や地代の支払いはない。贈与税の問題が生じるか。

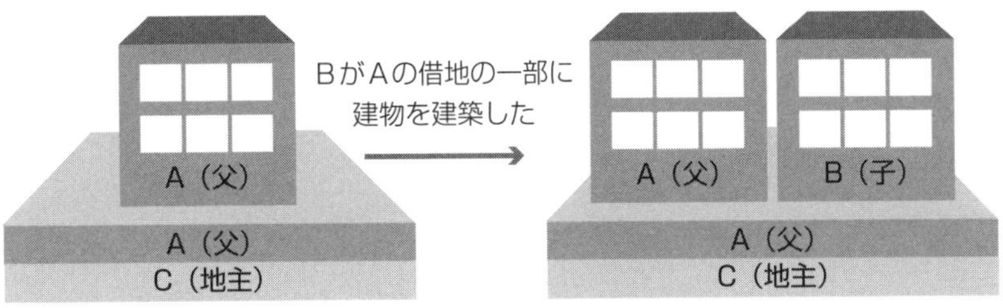

（解説）……………………………………………………………………………………

Bに対し借地権相当額の贈与の問題が生じる。一般的には地主の承諾が得られないと建築ができない。承諾が得られた場合，借地権の使用貸借であることから，「借地権の使用貸借に関する確認書」を税務署に提出する。Aに相続が開始した場合，Bの建物の借地部分も含めて相続財産となることに留意する。

事例　借地権を使用貸借していたがその事実の確認ができない場合

私は約15年前に父親の借地権の上に建物を建築して居住していた。地代は私が支払ってきた。先般父親が死亡したので相続税の申告をしなければならないが，借地権部分は相続財産になるか。

（解説）……………………………………………………………………………………

借地権の使用貸借ということで，借地権部分の贈与税の課税が行われずに子が父親の所有する借地の上に建物を所有することができた。子は地主に対する地代の支払いだけであり父親の借地権を無償使用していたことになる。借地権は依然として父親に帰属するため，相続財産として借地権を申告する。

法令・通達等を確認する

使用貸借通達

（使用貸借による借地権の転借があった場合）

2　借地権を有する者（以下「借地権者」という。）からその借地権の目的となっている土地の全部又は一部を使用貸借により借り受けてその土地の上に建物等を建築した場合又は借地権の目的となっている土地の上に存する建物等を取得し，その借地権者からその建物等の敷地を使用貸借により借り受けることとなった場合においては，借地権の慣行のある地域においても，当該借地権の使用貸借に係る使用権の価額は，零として取り扱う。

この場合において，その貸借が使用貸借に該当するものであることについては，当

> 該使用貸借に係る借受者，当該借地権者及び当該土地の所有者についてその事実を確認するものとする。
> （注）１　上記の確認に当たっては，別紙様式１「借地権の使用貸借に関する確認書」を用いる。
> ２　上記確認の結果，その貸借が上記の使用貸借に該当しないものであるときは，その実態に応じ，借地権又は転借権の贈与として贈与税の課税関係を生ずる場合があることに留意する。

４　借地権の目的となっている土地（底地）を借地権者以外の者が取得した場合

１　底地を取得した場合とは

借地権者がその土地の所有者（地主）から，底地部分を買い取って欲しいと申し込まれることがある。地主にとっては，底地の管理の煩雑さや資金需要等土地を手離したい様々な理由がある。借地権者にとっては土地を取得する大きなチャンスである。しかし借地権者が高齢である場合や買取資金が不足している場合等があり，一つの手段として借地権者の子が応じて買い取るようなことがある。底地所有者（地主）が子になった場合，通常は地代の授受はなくなることが多い。地代の授受の消滅により，借地権は自然と子に移転してしまうこととなる。ここで借地権相当額の贈与税の課税の問題が発生する。

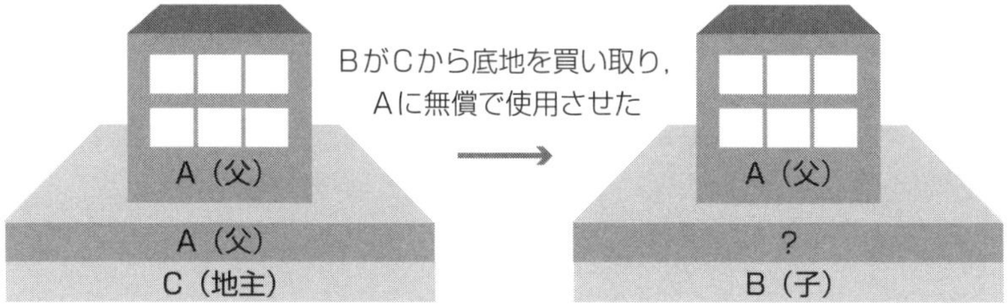

２　借地権の目的となっている土地を借地権者以外の者が取得したケース

父Aの借地権の目的となっている土地，つまり底地を借地権者以外の者である子Bが地主Cから取得し，その土地を無償でAに貸し付けた場合，Bは借地権相当額の贈与をAから受けたこととなる。

3　借地権者の地位に変更がない旨の申出書

⑴　借地権者以外の者の底地の取得は何が問題か

借地権者以外の第三者が底地を取得することはあまり考えられず，通常は借地権者の親族，特に子である。子が地主になった場合，親に地代を請求することは，ないとは言い切れないが，一般的には無償となるであろうし，親の地代の負担を軽減するための取得でもあることも多いであろう。子が土地所有者となって親がその上に建物を所有している構図は表面的には使用貸借と同様である。原則として借地権部分が親から子に贈与されたこととなる（使用貸借通達５）。

子が底地を取得し，借地権が贈与税の課税が行われないまま子に移転することは，課税当局にとっては問題である。

⑵　「借地権者の地位に変更がない旨の申出書」とは

底地を取得した子にとって，借地権相当額の贈与税の課税が行われると経済的には相当の打撃であり，無理してまでも底地を取得する必要はなかったことになる。そこで，使用貸借の概念を底地にも取り入れて，借地権者が依然として借地権者である地位を放棄していないことを申し出れば贈与税の課税は行われない。そのことを確認するための書類が「借地権者の地位に変更がない旨の申出書（以下「申出書」という）」である（使用貸借通達５注２）。この申出書は借地権者及び借地権の使用者が署名する。このことにより親はその後も引き続き借地権者であることとなる。ただし，土地の使用の対価としての地代の授受が行われなくなった場合であり，権利金や何らかの経済的利益があった場合には，贈与税の課税の対象となる。この場合の地代の授受は全く否定されるものではなく，土地の固定資産税程度の負担は許容される（民法595，使用貸借通達５注１）。

⑶　「借地権者の地位に変更がない旨の申出書」の留意点

①　申出書の提出期限は定められていないが，将来の課税関係に影響が大きいため，事実が生じた時点で速やかに提出すべきものである。

②　将来の相続発生の時に浮かび上がる書類である。数年後，数十年後を見据えて，提出した者の控えを確実に管理保管しなければならない。

③　この申出書は借地権者のみならず底地所有者の権利関係を明確にするものである。底地所有者に相続が発生した場合に自用地ではないことを証明する

ものとなる。

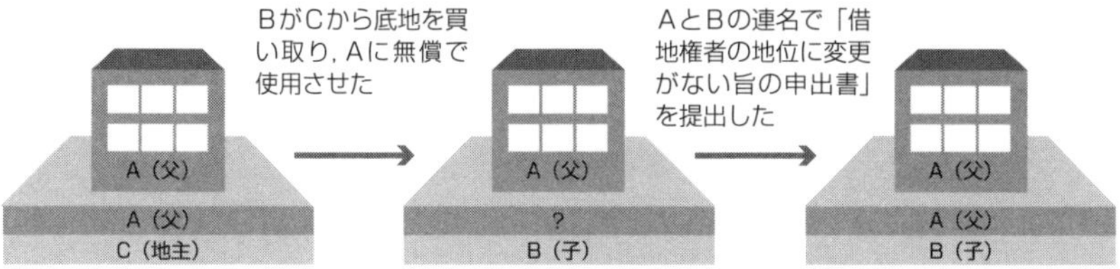

４　相続税等の取扱い

借地権の目的となっている土地を借地権者以外の者が取得し，以後地代の授受が行われなくなったときに「借地権者の地位に変更がない旨の申出書」が提出された場合，借地権者は依然として借地権者であると取り扱われる。その後相続，贈与があった場合の取扱いは次のとおりである。

権利者	財産の価額
建物を相続等により取得した者	課税対象額は建物及び借地権の価額
土地を相続等により取得した者	課税対象額は底地の価額

借地権者の地位に変更がない旨の申出書

令和　　年　　月　　日

__________税務署長殿

（土地の所有者）
_____B_____は，令和　年　月　日に借地権の目的となっている下記の土地の所有
（借地権者）
権を取得し，以後その土地を_____A_____に無償で貸し付けることとなりましたが，借地権者は従前の土地の所有者との間の土地の賃貸借契約に基づく借地権者の地位を放棄しておらず，借地権者としての地位には何ら変更をきたすものでないことを申し出ます。

記

土地の所在____

地　　積__________________㎡

土地の所有者（住所）______________（氏名）_____B_____

借 地 権 者（住所）______________（氏名）_____A_____

事例　底地を子が買い取った後，借地権者が死亡した場合

父Ａは長年地主Ｃから土地を借りて建物を所有していた。昨年Ｃから底地を買わないかと打診があったが，Ａは高齢のため銀行借り入れができず，結局Ａの子であるＢが底地を買い取った。Ｂが地主となったが親子なのでその後ＡとＢの間で地代の授受がなくなった。Ａ及びＢは「借地権者の地位に変更がない旨の申出書」を提出していた。Ａが死亡したが，Ａの財産は借地権も含まれるのか。

（解説）……………………………………………………………………………………

　Ｂが地主になることによって，Ａがあたかも使用貸借でＢの土地の上に建物を保有した形になる。そこで，Ａの借地権がＢに贈与によって移転すると考えられ，贈与税の課税の問題が起きる。Ｂが底地だけの所有で，Ａが依然として借地権を所有していることを確認するために「借地権者の地位に変更がない旨の申出書」を提出していた。このことにより借地権相当額の課税は起きない。Ａが死亡した場合，借地権はＡの財産に含まれる。

事例　子が底地を取得した後，建物を建築した場合

父Ａが借地権者である土地の底地を子Ｂが買い取り「借地権者の地位に変更がない旨の届出書」を提出した。その後借地上の建物を取り壊してＢが建物を建築したが，この場合借地権の贈与となるか。

（解説）……………………………………………………………………………………

　Ｂが底地を取得し「借地権者の地位に変更がない旨の申出書」を提出したことにより，借地権は依然としてＡが所有することとなる。その後，Ａの借地権の上にＢが建物を建築した場合，借地権相当額の贈与があったとして贈与税の申告が行われていない等，借地権の移動が明確となっていない場合は一般的に借地権の使用貸借とみられる。実務的には「借地権の使用貸借に関する届出書」を提出することにより借地権の帰属を明確にできる。Ａの借地権をＢの建物と底地が挟むことになりいわゆるサンドイッチ状になったことになる。（参考裁決平成18年12月22日：後掲）

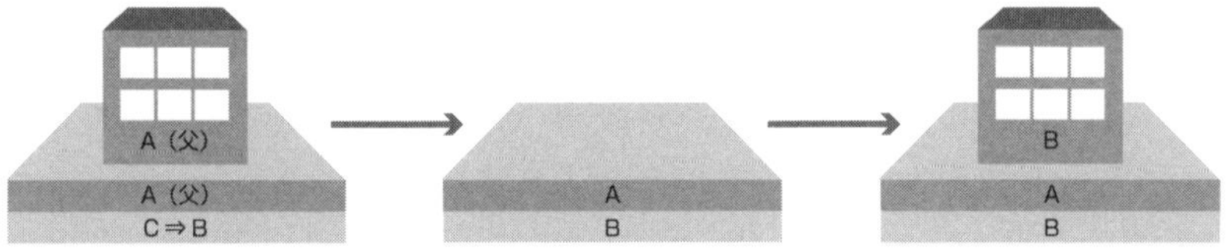

法令・通達等を確認する

使用貸借通達

（借地権の目的となっている土地を当該借地権者以外の者が取得し地代の授受が行われないこととなった場合）

5　借地権の目的となっている土地を当該借地権者以外の者が取得し，その土地の取得者と当該借地権者との間に当該土地の使用の対価としての地代の授受が行われないこととなった場合においては，その土地の取得者は，当該借地権者から当該土地に係る借地権の贈与を受けたものとして取り扱う。ただし，当該土地の使用の対価としての地代の授受が行われないこととなった理由が使用貸借に基づくものでないとしてその土地の取得者からその者の住所地の所轄税務署長に対し，当該借地権者との連署による「当該借地権者は従前の土地の所有者との間の土地の賃貸借契約に基づく借地権者としての地位を放棄していない」旨の申出書が提出されたときは，この限りではない。

（注）

1　上記の「土地の使用の対価としての地代の授受が行われないこととなった場合」には，例えば，土地の公租公課に相当する金額以下の金額の授受がある場合を含み，権利金その他地代に代わるべき経済的利益の授受のある場合は含まれないことに留意する（以下7において同じ。）

2　上記の申出書は，別紙様式2「借地権者の地位に変更がない旨の申出書」を用いる。

（裁決例）借地権者の地位に変更がない旨の申出書を提出後，その土地の所有権者が建物を建て替え，借地権は所有権者に無償で返還され消滅している旨の主張を排斥した事例

（2006年（平成18年）12月22日　裁決）

請求人らは，被相続人の借地権が存する土地の所有権を請求人Fが取得したことに伴い，借地権者の地位に変更がない旨の申出書（以下「本件申出書」という。）を提出した土地（以下「分筆前土地」という。）について，被相続人がその土地上に所有していた建物A及びBを老朽化のため取り壊した後の土地は，請求人Fが自由に使用収益してよいとする合意の下で，当該建物が取り壊されたことに伴い，本件借地権が被相続人から請求人Fに無償で返還されたものであるから，本件借地権は存在しない旨等主張する。

しかしながら，本件借地権が返還されたとする請求人らの主張は，請求人Fが被相続人から建物取壊し後の土地を自由に使用するよう言われたことに基づくもののみであって，具体的に明らかでなく，上記発言の内容からは，被相続人が本件土地の使用権利者（借地権者）であることを前提として，請求人Fに本件借地権を自由に利用してよいとも解されるから，被相続人は請求人Fに本件借地権を使用貸借により転貸する趣旨で発言したとも認めることができる。

また，本件申出書を提出していることから，その当時，被相続人及び請求人Fは，分筆前土地に係る借地権を移転する意思はなかったものと認められる上，建物が朽廃していない本件において，借地上の建物を親族間で所有名義を変えて建て替えた場合には，従前の借地権を維持するならばこの借地権を使用貸借により転貸したとみるのが一般的であるし，転貸が使用貸借である場合には，使用貸借通達2によって贈与税の課税も生じないのであるから，このように被相続人が請求人Fに本件借地権を使用貸借により転貸する行為は，親族である貸借当事者間での合理的な行為といえる。さらに，被相続人及び請求人Fは，分筆前土地上の建物Dを平成12年に取壊した後の土地の一部を譲渡したことによる譲渡所得の申告において，被相続人に借地権が存在していたとしている。

そうすると，被相続人が，請求人Fに対して本件借地権を返還するという意思があったとは認められず，また，本件借地権が返還されずに存在していたことを推認させる事実はあるが，本件借地権を返還したとみるべき事実は見当たらない。

そして，被相続人及び請求人Fは，連署で本件申出書を提出しているから，貸借当事者間で借地権が土地所有者に返還されたなどその借地権が存在しないとの主張が認められるのは，贈与税の申告又は借地権の消滅の対価を土地所有者が借地権者に支払った事実が存するなど，当該借地権が存在しないことを外形上明確に示す特段の行為の存在が立証されることが必要であると解すべきであるところ，請求人Fは建物A及びBの取壊し又は建物Cの建築を理由とした贈与税の申告をしておらず，その他本件借地権が存在しないことを外形上明確に示す特段の行為の存在を認定できる証拠もない。

以上のことからすると，本件相続開始日において，被相続人に係る相続財産として本件借地権が存在していたと認めるのが相当である。

（TAINS　J72-4-27）

財産評価と借地権

第2章

この章では相続税及び贈与税の課税価額の基礎となる財産評価に係る借地権の解説をする。借地権は基本的に，借地借家法における借地権のことをいい，構築物を目的とする賃貸借は含まない。借地権は財産評価基本通達に基づいて計算した価額によって評価する。

I
財産評価基本通達による借地権

1 相続税法の借地権

1 財産とは

相続税法では課税財産について「相続又は遺贈により取得した財産の価額の合計額をもって，相続税の課税価額とする」（相法11の２）とあり，相続財産の詳細は規定されていない。相続税法から財産についてうかがえるのは第10条（財産の所在）にある動産や鉱業権等の所在を規定した部分，及び第23条以下のわずかの財産についてだけである。相続税等における財産については相続税法基本通達において定義しており，「法に規定する「財産」とは，金銭に見積ることができる経済的価値のあるすべてのものをいう」（相基通11の２－１）として，個別の財産を羅列するのではなく，経済的価値に着目して課税対象としている。

2 土地等の価額

相続財産を確定したとしても，その価額をどのように算定するかが大きな問題となる。相続税法では，財産の評価について，第22条において「この章で特別の定めのあるものを除くほか，相続，遺贈又は贈与により取得した財産の価額は，当該財産の取得の時における時価により，当該財産の価額から控除すべき債務の金額は，その時の現況による。」として，時価課税を大原則としている。相続財産に占める割合が非常に大きく，重要な財産である土地等についても当然時価により評価することとなるが，その時価をどのように算定するのか相続税法には規定はない。相続税法には土地に関する規定は第23条に地上権及び永小作権の評価があるだけであるが，この規定による評価もその土地の時価を算定することが大前提となっている。

3　土地の上に存する権利の評価上の区分

土地を有効活用するために，所有者はもちろん，所有者以外の者も様々な権利を設定している。無償で利用している場合，賃料を支払って利用している場合，地上権や借地権を設定している場合などがある。これら土地の上に存する権利で金銭的価値のあるものについては相続財産として課税の対象となる。しかし，利用状況が多岐にわたるため，その財産としての価値及び価額は一様ではない。

財産評価基本通達（以下「評基通」ともいう）では，土地の上に存する権利の評価上の区分として態様別に，次のとおり10の権利について，その評価方法を定めている。

なお，配偶者居住権に基づく敷地利用権については，借地権と捉えられていないことから，解説を省略した。

【土地の上に存する権利と概要】

土地の上に存する権利	権利の概要	根拠法令	土地の上に存する権利の評価	土地の上に存する権利の目的となっている土地の評価
地上権	他人の土地において工作物又は竹木を所有するため，その土地を使用する権利。ただし区分地上権及び借地権を除く	民法265	相法23	評基通25(3)，51(2)，59(2)他
区分地上権	工作物の所有を目的とした地下又は空間に対する権利	民法269の2	評基通27－4他	評基通25(4)，41(3)，51(3)他
永小作権	小作料を支払って他人の土地において耕作又は牧畜をする権利	民法270	相法23	評基通41(2)
区分地上権に準ずる地役権	特別高圧架空電線の架設等地下又は空間に対する地役権で建造物の設置を制限するもの	地価税法令2	評基通27－5他	評基通25(5)，41(4) 他
借地権	建物の所有を目的とする地上権又は土地の賃借権。ただし，定期借地権等を除く	借地借家法2	評基通27	評基通25(1)
定期借地権等	借地借家法22以下に規定される一般定期借地権，事業用定期借地権等，建物譲渡特約付借地権，一時使用目的の借地権	借地借家法22～25	評基通27－2，27－3	評基通25(2)
耕作権	農地又は採草放牧地に設定される賃借権。永小作権は別途評価する	農地法2	評基通42	評基通41(2)
温泉権	鉱泉地において温泉を排他的に利用できる権利。引湯権を含む	温泉法	評基通78	評基通77
賃借権	賃借人が物の使用収益をする権利	民法601	評基通54	評基通51(1)，59(1) 他
占用権	河川区域内の土地の占用の許可に基づく権利	地価税法令2	評基通87－5	評基通87－6

４　財産評価基本通達における借地権

財産評価基本通達において，借地権の性質について明確に規定していない。同通達９⑸では借地借家法に規定する定期借地権等を除き，また，同通達９⑴の地上権とは，民法第269条の２（地価又は空間を目的とする地上権）及び借地借家法に規定する借地権を除くとある。このことから，財産評価基本通達の上での借地権とは借地借家法に規定する借地権を受けていることが推測される。

借地借家法においては，借地権を「建物の所有を目的とする地上権又は土地の賃借権」（借地借家法２）と定義づけている。相続税及び贈与税の課税価額の基礎となる財産価額の計算においても，借地借家法を受けて建物の所有を目的とする地上権と賃借権を借地権として評価することとなる。

法令・通達等を確認する

相続税法

（評価の原則）

第22条　この章で特別の定めのあるものを除くほか，相続，遺贈又は贈与により取得した財産の価額は，当該財産の取得の時における時価により，当該財産の価額から控除すべき債務の金額は，その時の現況による。

相続税法基本通達

（「財産」の意義）

11の２－１　法に規定する「財産」とは，金銭に見積ることができる経済的価値のあるすべてのものをいうのであるが，なお次に留意する。

⑴　財産には，物権，債権及び無体財産権に限らず，信託受益権，電話加入権等が含まれること。

⑵　財産には，法律上の根拠を有しないものであっても経済的価値が認められているもの，例えば，営業権のようなものが含まれること。

⑶　質権，抵当権又は地役権（区分地上権に準ずる地役権を除く。）のように従たる権利は，主たる権利の価値を担保し，又は増加させるものであって，独立して財産を構成しないこと。

財産評価基本通達

（土地の上に存する権利の評価上の区分）

９　土地の上に存する権利の価額は，次に掲げる権利の別に評価する。

⑴　地上権（民法（明治29年法律第89号）第269条の２≪地下又は空間を目的とする地上権≫第１項の地上権（以下「区分地上権」という。）及び借地借家法（平

成３年法律第90号）第２条≪定義≫に規定する借地権に該当するものを除く。以下同じ。）

⑵　区分地上権

⑶　永小作権

⑷　区分地上権に準ずる地役権（地価税法施行令第２条≪借地権等の範囲≫第１項に規定する地役権をいう。以下同じ。）

⑸　借地権（借地借家法第22条≪定期借地権≫，第23条≪事業用定期借地権等≫，第24条≪建物譲渡特約付借地権≫及び第25条≪一時使用目的の借地権≫に規定する借地権（以下「定期借地権等」という。）に該当するものを除く。以下同じ。）

⑹　定期借地権等

⑺　耕作権　農地法（昭和27年法律第229号）第２条（(定義)）第１項に規定する農地又は採草放牧地の上に存する賃借権（同法第18条（(農地又は採草放牧地の賃貸借の解約等の制限)）第１項本文の規定の適用がある賃借権に限る。）をいう。以下同じ。）

⑻　温泉権（引湯権を含む。）

⑼　賃借権（⑸の借地権，⑹の定期借地権等，⑺の耕作権及び⑻の温泉権に該当するものを除く。以下同じ。）

⑽　占用権（地価税法施行令第２条第２項に規定する権利をいう。以下同じ。）

2 借地権の評価

1　借地権の価額

借地権の価額は，その借地権の目的となっている宅地を自用地として評価した価額に，借地権割合を乗じて計算した金額によって評価する。

ここでいう借地権割合とは，借地権の売買実例価額，精通者意見価格，地代の額等を基として評定した借地権割合がおおむね同一と認められる地域ごとに国税局長が定めたものをいう（評基通27）。

2　借地権を評価しない場合

⑴　借地権割合が30%未満の地域

都市部等一定の地域では，建物の所有を目的とした賃貸借契約を行うに際し，借地権の設定の対価として，権利金や一時金等の借地権相当額の授受が行われるのが一般的である。借地権取引慣行地域以外の地域，つまり借地権の概念が薄いか全くない地域では，財産としての借地権をあえて評価しないこととなっている（評基通27）。

具体的には，財産評価基準書では借地権割合について30％以上の地域（借地権割合がGの地域のこと）から表示していることから推測すると，借地権割合が30％未満の地域（借地権割合が無表示の地域）は借地権の取引の慣行がなく，評価しなくても良いと考えられる。すなわち，路線価地域である場合，路線価の後にA～Gの表示のない地域がこれに該当することとなる。しかし，現実に建物等が建築されている場合は，土地の所有者は土地に対する自由な使用収益を阻害されることになる。そこで，その土地を利用している者の利用権割合を20％とみて，その土地を評価するにあたって，20％相当額を控除する（評基通25⑴）。

（借地権の取引の慣行のない地域）

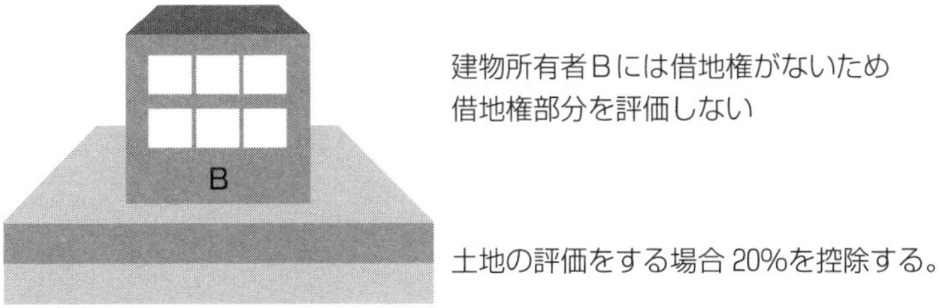

⑵　構築物の敷地

財産評価基本通達上の借地権は，借地借家法の規定による建物の所有を目的とする地上権又は土地の賃借権に限られ，構築物の所有を目的とする権利は含まれない。構築物はその種類が多く，これを利用するための敷地の契約形態も多様であることから，構築物の所有を目的とする賃借権は，一定の財産的価値に着目した権利である借地権とは切り離して評価する。

構築物の所有を目的とする賃借権の価額は，財産評価基本通達87（賃借権の評価）の定めにより評価することになる。

なお，構築物を賃借している者の構築物及びその構築物の存する敷地に対する権利は評価しない。

3　借地権割合

国税庁は毎年，相続税及び贈与税の財産評価の基準となる財産評価基準書を公表している。この財産評価基準書は，路線価，評価倍率表，宅地造成費の金額等，土地等財産の評価の資となる情報が盛り込まれている。路線価図には，路線（道路）1本ごとに1㎡当たりの価格が表示されている。路線価格にその路線に接する所有宅地の面積を乗じることにより自用地としての宅地の価額が算出される。

路線価には，A，B，Cの表示がされており，これが借地権割合である。Aは借地権割合が90％であり，その地域の特性により段階的に適用される。借地権割合がAの地域には，東京を例にとると銀座や新宿駅周辺など超繁華街である高度商業地域が該当する。

各路線における借地権割合は次の表のとおりである。なお，倍率地域においては評価倍率表に地域ごとの借地権割合が表示されている。

記　号	A	B	C	D	E	F	G
借地権割合	90%	80%	70%	60%	50%	40%	30%

借地権割合と底地割合

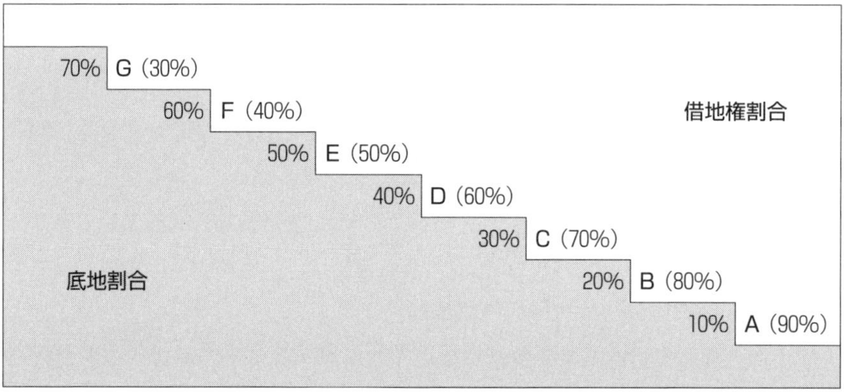

4　転借権の評価

(1)　転借権とは

転借権とは，借地権者の借地権の上に設定された借地権のことである。借地権と異なり，転借人と土地所有者とは直接の契約はない。

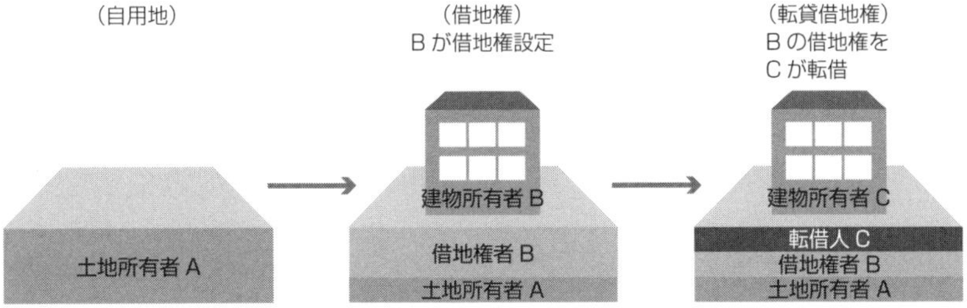

(2)　転借権の評価

転借権は，他人の設定する借地権の上にさらに借地権を設定しているため，いわゆる又借り状態の権利である。転借権の価額は，通常の借地権の評価を行い，その価額に借地権割合を乗じる（評基通30）。

借地権等の価額×借地権の評価の基とした借地権割合

(3)　留意点

① 転借権は，財産権としての転借権のことをいう。借地権の使用貸借による転借権は評価しない。

② 借地権を転借して，貸家として利用している場合は，貸家建付転借権として評価する。

事例　**借地権価額の計算**

正面路線200千円／㎡，借地面積180.0㎡，借地権割合Ｄ（60%）における借地権の価額はどのように計算するのか。

（解説）…………………………………………………………………………………………

借地権価額の計算は，その宅地が自用地であるものとして計算した価額に借地権割合を乗じる。なお，奥行距離や間口距離等により画地調整が必要な場合があることに留意する。

正面路線価×面積（㎡）×借地権割合（%）＝200千円×180㎡×60%＝21,600千円

事例　**借地権の及ぶ範囲**

会社事務所の敷地やレストランの敷地の用に供するために土地を賃借した。駐車場として使用するために建物敷地以上の面積を利用している。このような場合，建物の敷地部分だけに借地権があると考えるのか。

（解説）…………………………………………………………………………………………

借地権は原則として建物の所有を目的とする賃借であるが，その利用する範囲は必ずしも狭く限定された建物の敷地に限られるわけではない。その建物の使用目的，業務の遂行の必要性，契約の内容，権利金や地代の算定根拠等，総合的に検討したうえで判断されるべきものである。

事例　**中古車展示場に貸している土地は借地権があるか**

被相続人は知人が経営する中古車展示場に土地を貸している。この土地は底地で評価できるか。

（解説）……………………………………………………………………………………

契約内容にもよるが，中古車展示場には事務所が建築されているものの，それが借地使用の主たる目的ではなく，従たるものにすぎない。目的は車の展示場であること，恒久的な建物の建築ではないこと，権利金等の支払いはないこと等から借地権はないと考えられる（平成17年５月17日裁決）。

なお，バッティングセンター（平成12年６月27日裁決），ゴルフ練習場（昭和42年12月５日最高裁判決）等，構築物等の敷地とその利用目的状況により借地権を認めなかった事例がある。

事例　借地期間満了直前の借地権の評価

借地権の更新期限が３年後に迫っているときに，借地権者に相続が開始した。借地権の残存日数により借地権の評価は異なるか。借地権の更新料を請求される場合もあるそうだが，更新料についての斟酌があるか。

（解説）……………………………………………………………………………………

相続税等における借地権の価額は，自用地としての価額に借地権割合を乗じた金額で評価する。借地権の経過期間又は残存期間に応じた計算はしない。なぜなら，借地権は相応の財産権であり，借地借家法により保護されている。借地権設定者は一方的に契約を解除できず，借地権者が契約の更新を請求したときは今までと同様の条件で更新できる。経過年数に応じてその権利が弱くなることはない。

借地契約が満期によって更新される場合，地域によっては相続による更新にあたって更新料を請求されることがある。更新料は慣習によるものであり法律の根拠があるものではなく，金額も万別である。借地権の評価にあたって更新料は考慮されない。

事例　建物がなくなった場合の借地権

借地上に建てられた建物が火災や老朽化等で滅失した場合，借地権はなくなるのか。

（解説）

建物が滅失等しても，即座に借地権が消滅するわけではない。建物には耐久性があり，人の営みに不可欠な施設であってそこに居住することは地域社会の活動にも大きく影響すること等から，借地権者の地位は借地借家法で強く保護されている（借地借家法３）。登記された建物が滅失した場合には，借地権者がその建物を特定するために必要な事項，その滅失があった日及び建物を新たに建造する旨を土地の上の見やすい場所に掲示すれば，借地権は継続することとなっている（借地借家法10）。

法令・通達等を確認する

財産評価基本通達

（借地権の評価）

27　借地権の価額は，その借地権の目的となっている宅地の自用地としての価額に，当該価額に対する借地権の売買実例価額，精通者意見価格，地代の額等を基として評定した借地権の価額の割合（以下「借地権割合」という。）がおおむね同一と認められる地域ごとに国税局長の定める割合を乗じて計算した金額によって評価する。ただし，借地権の設定に際しその設定の対価として通常権利金その他の一時金を支払うなど借地権の取引慣行があると認められる地域以外の地域にある借地権の価額は評価しない。

3　宅地の上に存する権利の目的となっている宅地の評価

1　宅地の上に存する権利

宅地は所有者により有効活用されることが望ましいのではあるが，現実は宅地の広狭，便不便，経済的得失等，様々な理由で他人に貸し付けて対価を得ていることも多くある。財産評価基本通達では宅地の上に存する権利の目的となっている宅地（以下「貸宅地」という）についてその権利の区分に応じた評価を行うこととなっている（評基通25）。

【宅地の上に存する権利の目的となっている宅地の評価区分】

権利の区分	評価方法	財産評価基本通達
借地権の目的となっている宅地	その宅地の自用地としての価額から，財産評価基本通達27の借地権の価額を控除した金額によって評価する。 ただし国税局長が貸宅地割合を定めている地域においては，その宅地の自用地としての価額にその貸宅地割合を乗じて計算した金額によって評価する。	25(1)
定期借地権等の目的となっている宅地	原則として，その宅地の自用地としての価額から，財産評価基本通達27－２の定期借地権等の価額を控除した金額によって評価する。 一般定期借地権の目的となっている宅地は平成10年８月25日付個別通達により評価する。	25(2)
地上権の目的となっている宅地	その宅地の自用地としての価額から，相続税法第23条の地上権及び永小作権の評価により評価したその地上権等の価額を控除した金額によって評価する。	25(3)
区分地上権の目的となっている宅地	その宅地の自用地としての価額から，財産評価基本通達27－４の区分地上権の価額を控除した金額によって評価する。	25(4)
区分地上権に準ずる地役権の目的となっている承役地である宅地	その宅地の自用地としての価額から，財産評価基本通達27－５の区分地上権に準ずる地役権の価額を控除した金額によって評価する。	25(5)

2　借地権の目的となっている宅地とは

借地権の目的となっている宅地，つまり貸宅地（底地ともいう）の所有者はその宅地を自由に使用することができない。借地権の設定時に相応の権利金をその対価として受け取っていることで埋め合わされていることになる。底地の価額は借地権の価額に反比例する形で決定される。

⑴ 貸宅地と借地権の価額の配分

貸宅地の価額は，原則として貸し付けている宅地の自用地としての価額から借地権相当額を控除した金額による。この考え方は，借地権と底地を合計すると自用地価額になるということが基本となっている。つまり「1－借地権の価額＝底地の価額」の算式で表され，借地権と底地との合計は常に1（自用地価額）となる。この考え方は貸し付けられている農地（評基通41），山林（評基通51），雑種地等についても同様である。

しかし，実体経済上は，借地権は借地権，底地は底地で独自の算定が行われて取引されているため，必ずしも「借地権＋底地＝1」とはならない。むしろ，底地の処分に制限が加えられていることから，底地価額が低く抑えられている。集合住宅の底地の場合にはなおさらその傾向が強いようである。

⑵ 貸宅地評価の問題

借地権が財産権として土地に準ずる価値を持つようになったのは古いことではない。借地法によって権利が確定的に認められたものともいえる。そのため当初の考え方では自用地価額を借地権と底地とに配分していたが，地価の高騰，堅固な建物の増加や借地契約の多様化が進んだことにより，借地権が独自の財産権として運用されるようになった。都市部では相対的に底地割合の低下現象が起きる。

財産評価の基本である時価評価は，財産ごとに行われる。借地権という権利の価額が財産として評価されるものであれば，底地は底地として独自にその価額を算定すべきではないかと考えられる。路線価図や倍率表に採用されている借地権割合は，一度設定されてしまうと，開発や区画整理のような地域全体の根本的形状の変更がない限り数十年間ほとんど変更がない。借地権価額を一律に評価するのであれば，地価情勢を加味した細かな確認と変更が求められる。底地の価額にしても，底地自体を独自に算定する方式又は手段があってもいいのではないだろうか。借地権価額と底地価額の乖離が生じたとしても，財産ごとに評価を行うという財産評価の基本からはやむを得ないのではないかと考える。

法令・通達等を確認する

（裁決例）借地権付分譲マンションの底地価額は，財産評価基本通達に基づく借地権割合を控除する評価は相当でないとした事例

（平成９年12月11日　東裁（諸）平９－86）

原処分庁は，本件宅地の相続税評価額724,944,665円は，本件売買実例及び本件基準地に基づく本件宅地の更地価額に底地割合20パーセントを乗じて算定した本件宅地の価額を上回っていないから，当該相続税評価額は相法第22条の規定による本件宅地の時価を上回っていない旨主張し，一方，請求人は，本件宅地の価額は，請求人の提出する鑑定評価額200,000,000円とすべきである旨主張する。

しかしながら，⑴本件売買実例は，同族関係者間の取引であり，同実例から比準して本件宅地の価額を算定することには疑問があること及び⑵本件宅地は借地権付の分譲マンションの敷地であることから多数の借地権者が存在しており，かつ，当該借地権は建物の区分所有権とともに独立した市場を有していることから，本件宅地については，本件宅地と当該借地権とが併合し，完全な土地所有権となる可能性は著しく低いものと認められること等の特別の事情があることから，本件宅地については，借地権価額控除方式によって評価した当該相続税評価額によることは相当でないと認められる。

また，請求人の主張する鑑定評価額は，割合方式による比準価格と１パーセントの還元利回りを採用した収益還元方式による収益価格に基づき，後者の価格を重視し，前者の価格を考慮して決定されているところ，本件宅地の場合，本件宅地の存する近隣地域は既に商業地域として成熟していること等からすれば，特に低い還元利回りを採用すべき事由は認められないので，同鑑定評価額が１パーセントの還元利回りを採用して収益価格を算出したことを相当ということはできない。

ところで，本件宅地については，当審判所においても第三者間における底地の取引事例を確認できず，当該取引事例から本件宅地の価額の検証ができないため，当審判所が鑑定評価を依頼したところ，本件宅地の価額は，割合方式による価格と収益還元方式による価格の双方を調整の上評価した鑑定評価額60,000,000円と認められるので，原処分はその全部を取り消すべきである。

（TAINS F０-３-001）

３　貸宅地の評価

⑴　借地権が設定されている場合の貸宅地の評価

借地権の目的となっている宅地の価額は，自用地として評価した価額からその借地権の価額を控除した金額によって評価する（評基通25）。

貸宅地の価額＝自用地としての価額－自用地としての価額×借地権割合

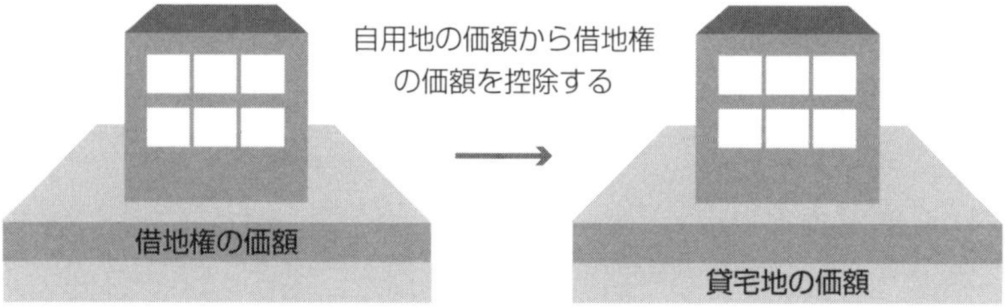

⑵　借地権の取引慣行がない地域の貸宅地の評価

借地権の設定に際し，その設定の対価として通常権利金その他の一時金を支払うなど，借地権取引慣行地域以外の地域にある賃貸借の場合，土地の利用権を20％として控除して計算した価額とする。つまり自用地としての価額の80％で評価する。これは，借地権の取引の慣行のない地域であっても土地所有者にとっては，土地の上に他人の建物があるため土地の自由な利用が制限されることによる。ただし，賃借権としての20％相当部分は評価しない(評基通25⑴ただし書き)。

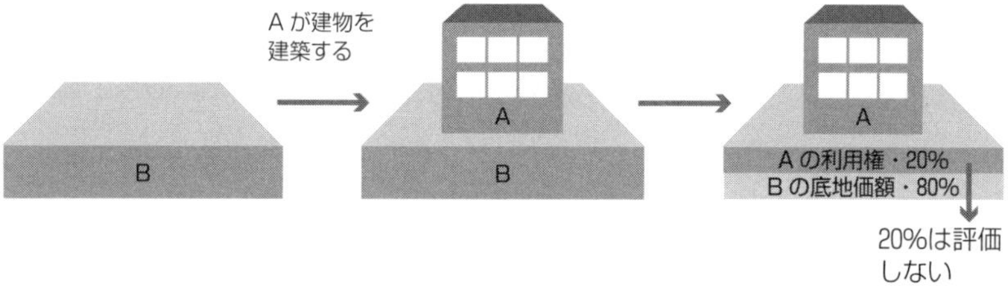

事例　**底地価額の計算**

正面路線価200千円，借地権割合60%，面積300.0㎡の貸宅地の評価はどのように計算するのか。

（解説）…………………………………………………………………………………………

借地権の目的となっている土地の評価は自用地としての価額から借地権相当額を控除する。

自用地としての価額＝20万円×300.0㎡＝6,000万円

貸宅地の評価額＝6,000万円×（１－0.6）＝2,400万円

法令・通達等を確認する

財産評価基本通達

（貸宅地の評価）（抄）

25　宅地の上に存する権利の目的となっている宅地の評価は，次に掲げる区分に従い，それぞれ次に掲げるところによる。

⑴　借地権の目的となっている宅地の価額は，その宅地の価額（自用地としての価額）から27（借地権の評価）の定めにより評価したその借地権の価額（同項のただし書の定めに該当するときは，同項に定める借地権割合を100分の20として計算した価額とする。25－３（土地の上に存する権利が競合する場合の宅地の評価）において27－６（土地の上に存する権利が競合する場合の借地権等の評価）の定めにより借地権の価額を計算する場合において同じ。）を控除した金額によって評価する。

II

財産評価基本通達による定期借地権等

定期借地権は建物の所有を目的とする土地の賃借等であり，借地権の設定であるが，その契約期間満了時にその土地の返還が保証されているため，土地所有者にとっては活用効果の高い制度となっている。しかし，一般借地権と異なり定量定額の財産権ではない。その価額が終息に向けて縮減していく。

1 定期借地権等の概要

1 定期借地権等の創設

定期借地権等は，1992年（平成４年）８月１日に施行された借地借家法で創設された権利である。定期の名のとおり，一般定期借地権は50年以上の期日の到来により契約が自動的に消滅し，契約の更新はない。期間内であれば転売や増改築が普通にできるが，残存期間に基づく価額の設定が大変難しいことや将来の予測ができないこと，また権利金の授受や補償金等の有無など契約の形態が多岐にわたっていることなど，非常に個別的要素の多い権利である。

2 定期借地権等の種類

定期借地権には「定期借地権」（「定期借地等」との混同を避けるため以下本書において「一般定期借地権」という）「事業用定期借地権等」「建物譲渡特約付借地権」の３種類がある（以下「定期借地権等」という）。その内容等については次のとおりである。

なお，当然のことであるが，臨時設備の設置等の一時使用目的のために借地権を設定したことが明らかである場合には，借地借家法の適用はない（借地借家法25）。

借地借家法第４節において「定期借地権」「事業用定期借地権等」「建物譲渡特約付借地権」及び「一時使用目的の借地権」を定期借地権と括っているが，一時使用目的の借地権は，借地権及び定期借地権の排除規定となっている。本書において定期借地権とは一時使用目的の借地権を除いたものをいう。

種　類	内　容				借地借家法
	契約方法	利用目的	契約期間	借地の終了及び更新	
一般定期借地権	公正証書等の書面により次の特約を定めることができる。 ①契約の更新をしない ②存続期間の延長をしない ③建物の買取り請求をしない	用途制限はない	50年以上	借地関係は期間満了により終了する。 更新はできない。 原則として建物を取り壊して土地を返還する。	22条
事業用定期借地権等	公正証書により次の特約を定めることができる。 ①契約の更新をしない ②存続期間の延長をしない ③建物の買取り請求をしない	もっぱら事業の用に供する建物の所有（居住用建物不可）	10年以上50年未満	借地関係は期間満了により終了する。 更新はできない。 原則として建物を取り壊して土地を返還する。	23条
建物譲渡特約付借地権	契約の書式制限はない。次の特約を定めることができる。 ①建物を土地所有者が買い取る ②建物を収去せずに土地を返還する ③借地人又は借家人が継続して借家として居住することができる	用途制限はない	30年以上	借地関係は期間満了により終了する。 更新はできない。 30年以上経過した時点で建物を借地権設定者に譲渡できる。	24条
（参考） 普通借地権	契約の書式制限はない。口頭による契約も可である。	用途制限はない	30年以上	借地契約は法定更新される。 更新を拒否するには正当事由が必要である。	3条

2 定期借地権等の評価

1 定期借地権等の評価の概要

財産評価における定期借地権等は，財産評価基本通達27－２の定めにより，原則として，課税時期において借地権者に帰属する経済的利益，及びその存続期間を基として評定した価額によって評価することとなっている。ただし定期借地権等の残存期間に応じた複利年金現価率を用いて計算した額によってもよいこととなっている（評基通27－２）。

定期借地権等の目的となっている宅地（底地）の価額は，自用地としての価額から財産評価基本通達27－２の定めにより計算した金額を控除した金額により評価する（評基通25⑵）。ただし，定期借地権等の残存期間に応じる割合を乗じて計算した金額を下回る場合，その割合を乗じて計算した金額を控除した金額によって評価する。

一般定期借地権の目的となっている宅地の価額は「一般定期借地権の目的となっている宅地の評価に関する取扱いについて」(平成10年８月25日)（以下「定借個別通達」という）に基づいて計算する。

このように，一般定期借地権及びその目的となっている宅地を評価する場合の取扱いは多岐にわたる。定期借地権等の評価自体が難しく，またどの取扱いを適用するのが適切なのか判断しにくいのが実情である。

簡便な区分を次表に掲げる。

定期借地権等の種類 底地・定期借地権等の区分	一般定期借地権	借地権割合が90%・80%の地区及び借地権の取引慣行が認められない地域	事業用定期借地権等 建物譲渡特約付定期借地権
定期借地権等の目的となっている宅地（底地）の評価	◎定借個別通達による	◎評基通25⑵による ・原則…自用地価額から定期借地権の価額を控除した価額 ・例外…定期借地権の残存期間に応じて計算した価額	
定期借地権等の評価	◎評基通27－２による ・原則…経済的利益及び存続期間を基として評価した価額 ・例外…複利年金現価率を用いて計算した価額		

2　定期借地権等の評価

定期借地権等は，契約の形態として多様なものが想定され，契約期限が定められており，期限の到来により確定的に借地権が消滅するという非常に特殊な土地利用形態である。一般的な借地権の評価については課税時期現在の自用地価額に借地権割合を乗ずるだけのシンプルな計算を行うが，定期借地権等は年々，期限の終了に迫っていくため，課税時期現在の価額は一様ではない。また，定期借地権等の設定に当たって権利金等（下記⑶参照）の授受も予想されるが，その経済的利益の課税時期における現在価値も算出しなければならず，定期借地権等の相続等における一時点の価額の算定は難しいものとなる。財産評価基本通達においては，定期借地権等の価額は次の２通りが示されている（評基通27－２）。

⑴　原則的評価方法

原則として，課税時期において借地権者に帰属する経済的利益，及びその存続期間を基として評定した価額によって評価する。

しかし，この評価方法は具体的計算が示されていないため，実務的に困難である。

⑵　簡便な評価方法

課税上弊害がない限り，その定期借地権等の目的となっている宅地の課税時期における自用地としての価額に，次の算式により計算した数値を乗じて計算した金額によって評価する。複利年金現価率は国税庁ホームページで確認できる。

$$\text{自用地価額} \times \frac{\text{定期借地権等の設定の時における借地権者に帰属する経済的利益の総額}}{\text{定期借地権等の設定の時におけるその宅地の通常の取引価額}} \times \frac{\text{課税時期におけるその定期借地権等の残存期間年数に応ずる基準年利率による複利年金現価率}}{\text{定期借地権等の設定期間年数に応ずる基準年利率による複利年金現価率}}$$

(3) 定期借地権等の設定の時における借地権者に帰属する経済的利益の総額の計算

「定期借地権等の設定の時における借地権者に帰属する経済的利益の総額」は，次に掲げる金額の合計額とする（評基通27－3）。

① 定期借地権等の設定に際し，借地権者から借地権設定者に対し，権利金，協力金，礼金などその名称のいかんを問わず借地契約の終了の時に返還を要しないものとされる金銭の支払い又は財産の供与がある場合

⇒課税時期において支払われるべき金額又は供与すべき財産の価額に相当する金額

② 定期借地権等の設定に際し，借地権者から借地権設定者に対し，保証金，敷金などその名称のいかんを問わず借地契約の終了の時に返還を要するものとされる金銭等の預託があった場合において，その保証金等につき基準年利率未満の約定利率による利息の支払いがあるとき又は無利息のとき

⇒次の算式により計算した金額

保証金の額に相当する金額A－（A×定期借地権等の設定期間年数に応じる基準年利率による複利現価率）－（A×基準年利率未満の約定利率×定期借地権等の設定期間年数に応じる基準年利率による複利年金現価率）

③ 定期借地権等の設定に際し，実質的に贈与を受けたと認められる差額地代の額がある場合

⇒次の算式により計算した金額

差額地代の額×定期借地権等の設定期間年数に応じる基準年利率による複利年金現価率

（注）

1　実質的に贈与を受けたと認められる差額地代の額がある場合に該当するかどうかは，個々の取引において取引の事情，取引当事者間の関係等を総合勘案して判定する。

2「差額地代の額」とは，同種同等の他の定期借地権等における地代の額とその定期借地権等の設定契約において定められた地代の額（上記①又は②に掲げる金額がある場合，その金額に定期借地権等の設定期間年数に応ずる基準年利率による年賦償還率を乗じて得た額を地代の前払いに相当する金額として毎年の地代の額に加算した後の額）との差額をいう。

3　定期借地権等の目的となっている宅地の評価

定期借地権等の目的となっている宅地（底地）の価額は，基本的に定期借地権等の目的となっている宅地の自用地としての価額から定期借地権等の価額を控除した金額によるが，一般定期借地権の目的となっている宅地の価額は定借個別通達に基づいて評価する。

⑴　原則的評価方法

定期借地権等の目的となっている宅地の価額は，原則としてその宅地の自用地としての価額から，「定期借地権等の評価（評基通27－２）」の定めにより評価したその定期借地権等の価額を控除した金額により評価する（評基通25⑵）。

⑵　例外的評価方法

財産評価基本通達の定めにより評価した価額が，その宅地の自用地としての価額に次に掲げる定期借地権等の残存期間に応じる割合を乗じて計算した金額を下回る場合，次に掲げる割合を乗じて計算した金額を控除した金額によって評価する。

イ　残存期間が５年以下のもの……………………100分の 5

ロ　残存期間が５年を超え10年以下のもの……100分の10

ハ　残存期間が10年を超え15年以下のもの……100分の15

ニ　残存期間が15年を超えるもの…………………100分の20

4　一般定期借地権の目的となっている宅地の評価

⑴　個別通達

一般定期借地権の評価は，課税上弊害がない限り，上記３に替えて自用地としての価額から「一般定期借地権の価額に相当する金額」を控除した金額により評価する（定借個別通達）。この場合の一般定期借地権の価額に相当する金額については，自用地としての価額から次の算式により計算した金額を乗じて計算する。なお，一般定期借地権の目的となっている宅地はすべてこの評価によることに留意する。

$$(1-\text{底地割合})\times\frac{\text{課税時期におけるその一般定期借地権の残存期間年数に応ずる基準年利率による複利年金現価率}}{\text{一般定期借地権等の設定期間年数に応ずる基準年利率による複利年金現価率}}$$

この場合の底地割合は，路線価図における借地権割合ＣからＧの地域区分に応じた次の区分による。なお，借地権割合がＡ（90％），Ｂ（80％）及び借地権の取引慣行が認められない地域における一般定期借地権の目的となっている土地（底地）の価額は，財産評価基本通達25⑵により評価する。底地割合を低くすることにより借地権割合が高くなる。それを控除するので底地の価額が低くなる計算となっている。

（底地割合）

借地権割合			底地割合
	路線価図	評価倍率表	
地域区分	C	70%	55%
	D	60%	60%
	E	50%	65%
	F	40%	70%
	G	30%	75%

※　この「一般定期借地権の目的となっている土地の評価方法により算出された一般定期借地権の評価額」は，一般定期借地権の評価には用いない。

⑵　個別通達が適用できない場合

「課税上弊害がない」場合とは，一般定期借地権の設定等の行為が，専ら税負担回避を目的としたものでない場合をいうほか，この通達の定めによって評価することが著しく不適当と認められることのない場合をいい，個々の設定等についての事情，取引当事者間の関係等を総合勘案して，その有無を判定する。

なお，一般定期借地権の借地権者が，次に掲げる者に該当する場合には，「課税上弊害がある」ものとする。

①　一般定期借地権の借地権設定者の親族
　⇒６親等内の血族，配偶者，３親等内の姻族

②　借地権設定者とまだ婚姻の届出をしないが，事実上婚姻関係と同様の事情にある者，及びその親族で，その者と生計を一にしているもの

③　借地権設定者の使用人及び使用人以外の者で，借地権設定者から受ける金銭その他の財産によって生計を維持している者，並びにこれらの者の親族で，これらの者と生計を一にしているもの

④　借地権設定者が，法人税法第2条第15号に規定する役員となっている会社

⑤　借地権設定者，その親族，上記②及び③に掲げる者並びにこれらの者と法人税法第2条第10号に規定する政令で定める特殊の関係にある法人を判定の基礎とした場合に同号に規定する同族会社に該当する法人

⑥　上記④又は⑤に掲げる法人の会社役員又は使用人

⑦　借地権設定者が，借地借家法第15条(自己借地権)の規定により，自ら一般定期借地権を有することとなる場合の，借地権設定者

　ｉ　借地権設定者が，他人とともに借地人となる場合に限り，自己を借地人として借地権を設定する場合

　ⅱ　借地権設定者が，他にも土地所有者以外の借地権者が存する場合で，後発的に借地権者となった場合（中古定期借地権を取得した場合）

【計算例・一般定期借地権の目的となっている土地の評価】

自用地の相続税評価額	40,000千円	借地権割合	C
課税時期	設定後10年目	40年の複利年金現価率（年１%）	32.835
残存期間	40年	50年の複利年金現価率（年１%）	39.196

① 一般定期借地権の価額

$$40{,}000\text{千円} \times (1-55\%) \times \frac{32.835}{39.196} = 15{,}070\text{千円}$$

② 底地の価額

40,000千円－15,070千円＝24,930千円

法令・通達等を確認する

借地借家法

（定期借地権）

第22条　存続期間を50年以上として借地権を設定する場合においては，第９条及び第16条の規定にかかわらず，契約の更新（更新の請求及び土地の使用の継続によるものを含む。次条第１項において同じ。）及び建物の築造による存続期間の延長がなく，並びに第13条の規定による買取りの請求をしないこととする旨を定めることができる。この場合においては，その特約は，公正証書による等書面によってしなければならない。

（事業用定期借地権等）

第23条　専ら事業の用に供する建物（居住の用に供するものを除く。次項において同じ。）の所有を目的とし，かつ，存続期間を30年以上50年未満として借地権を設定する場合においては，第９条及び第16条の規定にかかわらず，契約の更新及び建物の築造による存続期間の延長がなく，並びに第13条の規定による買取りの請求をしないこととする旨を定めることができる。

２　専ら事業の用に供する建物の所有を目的とし，かつ，存続期間を10年以上30年未満として借地権を設定する場合には，第３条から第８条まで，第13条及び第18条の規定は，適用しない。

３　前２項に規定する借地権の設定を目的とする契約は，公正証書によってしなければならない。

（建物譲渡特約付借地権）

第24条　借地権を設定する場合（前条第２項に規定する借地権を設定する場合を除く。）においては，第９条の規定にかかわらず，借地権を消滅させるため，その設定後30年以上を経過した日に借地権の目的である土地の上の建物を借地権設定者に相当

の対価で譲渡する旨を定めることができる。
2　前項の特約により借地権が消滅した場合において，その借地権者又は建物の賃借人でその消滅後建物の使用を継続しているものが請求をしたときは，請求の時にその建物につきその借地権者又は建物の賃借人と借地権設定者との間で期間の定めのない賃貸借（借地権者が請求をした場合において，借地権の残存期間があるときは，その残存期間を存続期間とする賃貸借）がされたものとみなす。この場合において，建物の借賃は，当事者の請求により，裁判所が定める。
3　第1項の特約がある場合において，借地権者又は建物の賃借人と借地権設定者との間でその建物につき第38条第1項の規定による賃貸借契約をしたときは，前項の規定にかかわらず，その定めに従う。
（一時使用目的の借地権）
第25条　第3条から第8条まで，第13条，第17条，第18条及び第22条から前条までの規定は，臨時設備の設置その他一時使用のために借地権を設定したことが明らかな場合には，適用しない。

一般定期借地権の目的となっている宅地の評価に関する取扱いについて

標題のことについては，下記に掲げるものの評価について，課税上弊害がない限り，昭和39年4月25日付直資56，直審（資）17「財産評価基本通達」（以下「評価基本通達」という。）25（(貸宅地の評価)）の(2)の定めにかかわらず，評価基本通達27（(借地権の評価)）に定める借地権割合（以下「借地権割合」という。）の地域区分に応じて，当分の間，下記により取り扱うこととしたから，平成10年1月1日以後に相続，遺贈又は贈与により取得したものの評価については，これによられたい。

（趣旨）

評価基本通達9（(土地の上に存する権利の評価上の区分)）の(6)に定める定期借地権等の目的となっている宅地の評価については，平成6年2月15日付課評2－2，課資1－2「財産評価基本通達の一部改正について」により，その評価方法を定めているところであるが，借地借家法（平成3年，法律第90号）第2条第1号に規定する借地権で同法第22条（(定期借地権)）の規定の適用を受けるもの（以下「一般定期借地権」という。）の目的となっている宅地の評価については，最近における一般定期借地権の設定の実態等を勘案するとともに，納税者の便宜に資するため，所要の措置を講じたものである。

＊　下記は，最終改正後のものです（平成11年9月1日以後に相続，遺贈又は贈与により取得したものの評価に適用）。

記

1　一般定期借地権の目的となっている宅地の評価

借地権割合の地域区分のうち，次の2に定める地域区分に存する一般定期借地権の目的となっている宅地の価額は，課税時期における評価基本通達25（(貸宅地の評価)）の⑴に定める自用地としての価額（以下「自用地としての価額」という。）から「一般定期借地権の価額に相当する金額」を控除した金額によって評価する。

この場合の「一般定期借地権の価額に相当する金額」とは，課税時期における自用地としての価額に，次の算式により計算した数値を乗じて計算した金額とする。

（算式）

$$(1-\text{底地割合})\times\frac{\text{課税時期におけるその一般定期借地権の残存期間年数に応ずる基準年利率による複利年金現価率}}{\text{一般定期借地権の設定期間年数に応ずる基準年利率による複利年金現価率}}$$

（注）　基準年利率は，評価基本通達4－4に定める基準年利率をいう。

2　底地割合

1の算式中の「底地割合」は，一般定期借地権の目的となっている宅地のその設定の時における価額が，その宅地の自用地としての価額に占める割合をいうものとし，借地権割合の地域区分に応じ，次に定める割合によるものとする。

（底地割合）

借地権割合			底地割合
	路線価図	評価倍率表	
地域区分	C	70%	55%
	D	60%	60%
	E	50%	65%
	F	40%	70%
	G	30%	75%

（注）

1　借地権割合及びその地域区分は，各国税局長が定める「財産評価基準書」において，各路線価図についてはAからGの表示により，評価倍率表については数値により表示されている。

2　借地権割合の地域区分がA地域，B地域及び評価基本通達27（(借地権の評価)）ただし書に定める「借地権の設定に際しその設定の対価として通常権利金その他の一時金を支払うなど借地権の取引慣行があると認められる地域以外の地域」に存する一般定期借地権の目的となっている宅地の価額は，評価基本通達25の⑵に定める評価方法により評価することに留意する。

3　「課税上弊害がない」場合とは，一般定期借地権の設定等の行為が専ら税負担回避を目的としたものでない場合をいうほか，この通達の定めによって評価することが著しく不適当と認められることのない場合をいい，個々の設定等についての事情，取引当事者間の関係等を総合勘案してその有無を判定することに留意する。

なお，一般定期借地権の借地権者が次に掲げる者に該当する場合には，「課税上弊害がある」ものとする。

(1)　一般定期借地権の借地権設定者（以下「借地権設定者」という。）の親族

(2)　借地権設定者とまだ婚姻の届出をしないが事実上婚姻関係と同様の事情にある者及びその親族でその者と生計を一にしているもの

(3)　借地権設定者の使用人及び使用人以外の者で借地権設定者から受ける金銭その他の財産によって生計を維持しているもの並びにこれらの者の親族でこれらの者と生計を一にしているもの

(4)　借地権設定者が法人税法（昭和40年法律第34号）第２条第15号（(定義)）に規定する役員（以下「会社役員」という。）となっている会社

(5)　借地権設定者，その親族，上記(2)及び(3)に掲げる者並びにこれらの者と法人税法第２条第10号（(定義)）に規定する政令で定める特殊の関係にある法人を判定の基礎とした場合に同号に規定する同族会社に該当する法人

(6)　上記(4)又は(5)に掲げる法人の会社役員又は使用人

(7)　借地権設定者が，借地借家法第15条（(自己借地権)）の規定により，自ら一般定期借地権を有することとなる場合の借地権設定者

（表）

定期借地権等の評価明細書

（平成二十年分以降用）

（住居表示） 所在地番		（地積） ㎡	設定年月日	平成　年　月　日	設定期間年数 ⑦　　年
			課税時期	平成　年　月　日	残存期間年数 ⑧　　年

定期借地権等の種類		一般定期借地権 ・ 建物譲渡特約付借地権 ・ 事業用定期借地権等	設定期間年数に応ずる基準年利率による	複利現価率	④	
定期借地権等の設定時	自用地としての価額	① （1㎡当たりの価額　　円）　　円		複利年金現価率	⑤	
	通常取引価額	② （通常の取引価額又は①／0.8）　　円				
課税時期	自用地としての価額	③ （1㎡当たりの価額　　円）　　円	残存期間年数に応ずる基準年利率による複利年金現価率		⑥	

（注）④及び⑤に係る設定期間年数又は⑥に係る残存期間年数について、その年数に1年未満の端数があるときは6ヶ月以上を切り上げ、6ヶ月未満を切り捨てます。

○定期借地権等の評価

経済的利益の額の計算

権利金等の授受がある場合	（権利金等の金額） （A）　　円 ＝ ⑨ 〔権利金・協力金・礼金等の名称のいかんを問わず、借地契約の終了のときに返還を要しないとされる金銭等の額の合計を記載します。〕	⑨	（権利金等の授受による経済的利益の金額）　　円
保証金等の授受がある場合	（保証金等の額に相当する金額） （B）　　円 〔保証金・敷金等の名称のいかんを問わず、借地契約の終了のときに返還を要するものとされる金銭等（保証金等）の預託があった場合において、その保証金等につき基準年利率未満の約定利率の支払いがあるとき又は無利息のときに、その保証金等の金額を記載します。〕	⑩	（保証金等の授受による経済的利益の金額）　　円

（保証金等の授受による経済的利益の金額の計算）

（B）－〔（B）×（④の複利現価率）〕－〔（B）×（基準年利率未満の約定利率）×（⑤の複利年金現価率）〕＝⑩

（権利金等の授受による経済的利益の金額）⑨　　円 ＋（保証金等の授受による経済的利益の金額）⑩　　円 ＋〔贈与を受けたと認められる差額地代の額がある場合の経済的利益の金額〕⑪　　円 ＝ ⑫（経済的利益の総額）　　円

（注）⑪欄は、個々の取引の事情・当事者間の関係等を総合勘案し、実質的に贈与を受けたと認められる差額地代の額がある場合に記載します（計算方法は、裏面2参照。）。

評価額の計算

（課税時期における自用地としての価額）③　　円 ×（経済的利益の総額）⑫　　円 ／（設定時の通常取引価額）②　　円 ×（⑥の複利年金現価率）／（⑤の複利年金現価率）＝ ⑬（定期借地権等の評価額）　　円

（注）保証金等の返還の時期が、借地契約の終了のとき以外の場合の⑩欄の計算方法は、税務署にお尋ねください。

○定期借地権等の目的となっている宅地の評価

一般定期借地権の目的となっている宅地〔裏面1のⒶに該当するもの〕

（課税時期における自用地としての価額）③　　円 －（課税時期における自用地としての価額）③　　円 ×（底地割合（裏面3参照））〔1－　　〕×（⑥の複利年金現価率）／（⑤の複利年金現価率）＝ ⑭（一般定期借地権の目的となっている宅地の評価額）　　円

上記以外の定期借地権等の目的となっている宅地〔裏面1のⒷに該当するもの〕

（課税時期における自用地としての価額）③　　円 －（定期借地権等の評価額）⑬　　円 ＝ ⑮　　円

（課税時期における自用地としての価額）③　　円 ×（残存期間年数に応じた割合（裏面4参照））〔1－　　〕＝ ⑯　　円

⑰（上記以外の定期借地権等の目的となっている宅地の評価額（⑮と⑯のいずれか低い金額））　　円

（資4－80－1－A4統一）

（裏）

1　定期借地権等の種類と評価方法の一覧

<table>
<tr><th>定期借地権の種類</th><th>定期借地権等の評価方法</th><th colspan="2">定期借地権等の目的となっている宅地の評価方法</th></tr>
<tr><td rowspan="2">一 般 定 期 借 地 権
（借地借家法第 22 条）</td><td rowspan="4">財産評価基本通達 27-2 に
定める評価方法による</td><td>平成 10 年 8 月 25 日付課評 2-8・課資 1-13「一般定期借地権の目的となっている宅地の評価に関する取扱いについて」に定める評価方法による</td><td>Ⓐ</td></tr>
<tr><td colspan="2" rowspan="1">※</td></tr>
<tr><td>事業用定期借地権等
（借地借家法第 23 条）</td><td rowspan="2">財産評価基本通達 25⑵に定める評価方法による</td><td rowspan="2">Ⓑ</td></tr>
<tr><td>建物譲渡特約付借地権
（借地借家法第 24 条）</td></tr>
</table>

（注）※印部分は、一般定期借地権の目的となっている宅地のうち、普通借地権の借地権割合の地域区分Ａ・Ｂ地域及び普通借地権の取引慣行が認められない地域に存するものが該当します。

2　実質的に贈与を受けたと認められる差額地代の額がある場合の経済的利益の金額の計算

<table>
<tr><td rowspan="3">差額地代（設定時）</td><td>同種同等地代の年額（C）</td><td>円</td><td>実際地代の年額（D）</td><td>円</td><td>設定期間年数に応ずる基準年利率による年賦償還率</td><td>⑱</td><td></td></tr>
<tr><td colspan="7">（前払地代に相当する金額）　　　　　　　　　　（実際地代の年額（D））（実質地代の年額（E））
〔（権利金等⑨）＿＿＿円 ×（⑱の年賦償還率）＿＿＿ ＋（保証金等⑩）＿＿＿円 ×（⑱の年賦償還率）＿＿＿〕 ＋ ＿＿＿円 ＝ ＿＿＿円</td></tr>
<tr><td colspan="5">（差額地代の額）　　　　　　　　　　（⑤の複利年金現価率）
（同種同等地代の年額（C））（実質地代の年額（E））
（＿＿＿円 － ＿＿＿円）×＿＿＿ ＝</td><td>⑪</td><td>〔贈与を受けたと認められる差額地代の額がある場合の経済的利益の金額〕
円</td></tr>
</table>

（注）「同種同等地代の年額」とは、同種同等の他の定期借地権等における地代の年額をいいます。

3　一般定期借地権の目的となっている宅地を評価する場合の底地割合

<table>
<tr><th rowspan="2"></th><th colspan="2">借　地　権　割　合</th><th rowspan="2">底地割合</th></tr>
<tr><th>路線価図</th><th>評価倍率表</th></tr>
<tr><td rowspan="5">地域区分</td><td>C</td><td>70%</td><td>55%</td></tr>
<tr><td>D</td><td>60%</td><td>60%</td></tr>
<tr><td>E</td><td>50%</td><td>65%</td></tr>
<tr><td>F</td><td>40%</td><td>70%</td></tr>
<tr><td>G</td><td>30%</td><td>75%</td></tr>
</table>

4　定期借地権等の目的となっている宅地を評価する場合の残存期間年数に応じた割合

残存期間年数	割合
5 年以下の場合	5%
5 年を超え 10 年以下の場合	10%
10 年を超え 15 年以下の場合	15%
15 年を超える場合	20%

（注）残存期間年数の端数処理は行いません。

（資 4 －80－ 2 －Ａ４統一）

第3章

譲渡所得と借地権

借地権は資産として価値のある権利であるといわれて久しい。そのため，底地と切り離されて売買取引の対象となる。

土地所有者が土地の上に設定された借地権を買い取って譲渡する，または借地権者がその借地権が設定されている土地（底地）を買い取って譲渡するというケースは多くみられる。借地権であっても底地であっても買取り直後に譲渡した場合，譲渡益が生じることがほとんどないことが多く，譲渡所得の計算は比較的簡単だが，一定期間経過後に譲渡した場合それぞれの譲渡益をどのように算出するか迷うことがある。この章では借地権に係る譲渡所得について解説する。

I

借地権等の設定

1　譲渡所得と借地権の概要

1　譲渡所得における借地権の扱い

資産を譲渡し，譲渡益が発生した時に譲渡所得の課税の対象となる。譲渡所得とは，たな卸資産又はそれに準ずる資産の譲渡による所得，営利を目的とし継続的に行われる資産の譲渡による所得，山林の伐採又は譲渡による所得及び金銭債権を除く一切の資産の譲渡による所得をいう（所法33②，所基通33－１）。資産の中には借家権や行政官庁の許認可権のような事実上の権利も含まれる。資産として相応の価値が認められている土地はもちろんのこと，建物又は構築物の所有を目的とする地上権や賃借権の設定（借地権）その他の契約で他人に土地を長期間使用させるもの（地役権等）で対価の額がその土地の価額（時価）の２分の１を超えるものも譲渡所得の対象となる（所法33①）。

租税特別措置法における譲渡所得は，「土地等」の譲渡の課税の特例を規定しているが，この土地等には「土地の上に存する権利」が含まれる（措法31）。この土地の上に存する権利に本書でいう借地権が含まれる。租税特別措置法第31条以降に個人の土地等の譲渡所得に関して様々な特例を規定しているが，これらの特例は土地の譲渡所得に限らず，借地権等の譲渡についても適用される。

借地権は借地法で保護された財産権である。借地権設定者が，設定にあたって受領した権利金等の課税関係にかかわらず借地権者がその借地権を有償で譲渡した場合，譲渡所得の課税対象である。

２　借地権を設定した場合の課税関係

⑴　土地の賃貸借で譲渡所得になる場合

ある物を第三者に貸し付けて賃料を収受する行為は賃貸借である。不動産や不動産の上に存する権利を貸し付けて賃料を受け取った場合，不動産所得の対象となる。ただし事業所得又は譲渡所得に該当する場合は除かれる（所法26）。譲渡所得とは資産の譲渡による所得のことをいうが，「資産の譲渡」には建物又は構築物の所有を目的とする地上権又は賃借権（以下「借地権等」という）の設定その他契約により他人に土地を長期間使用させる行為で政令で定めるものが含まれる（所法33）。

土地を賃貸借により貸し付けた場合は原則として不動産所得となり，例外的に譲渡所得に該当する部分が発生することになる。

⑵　権利金

土地の賃貸借に当たって，地域差はあるが，定期定額の賃料のほかに，賃貸借に係る権利金や一時金等（以下「権利金等」という）の名目で使用料の授受があるのが一般的である。この権利金等とは，土地を使用する権利の切り売りのようなもので，権利金等の額が土地の価額に比し高額になれば，実質的に土地の権利を譲渡したと同様の経済効果を生むこととなる。よって，借地権や地役権の設定に当たって一定の権利金等を受け取った場合には譲渡所得の課税となる。一定の権利金等とは，基本的に借地権等が設定された土地の価額（以下この項において「時価」という）の２分の１を超える額のことをいう（所令79）。

権利金の性質については，後掲高裁判決文にあるようにいくつかの類型がある。資産的価値の切り売りの判断と課税区分の実際的判断の必要性から時価の２分の１を超えるか否かのボーダーラインを設けたものであろう。

所得税の課税に当たって権利金等に対する課税区分は上記のとおりであるが，その土地に借地権という新たな財産権が，付設されることになる。この財産権を移転する場合，有償であれば譲渡所得，無償であれば贈与税の課税関係が発生することはいうまでもない。

⑶　譲渡所得の課税対象となる場合

譲渡所得の課税対象となる不動産の貸付けとは次の場合をいう（所法33，所令79①)。

・建物又は構築物の所有を目的とする借地権の設定
・特別高圧架空電線を架設するための地役権の設定
・特別高圧地中電線を敷設するための地役権の設定
・ガス事業者（ガス事業法第２条第11項）が高圧ガスを通ずる導管を敷設するための地役権の設定
・飛行場を設置するための地役権の設定
・懸垂式鉄道若しくは跨座式鉄道（モノレール等）を敷設するための地役権の設定
・導流堤（砂防法第１条の砂防設備）などの設置を目的とする地役権の設定
・都市計画法第４条第14項に規定する公共施設を設置するための地役権の設定
・都市計画法第８条第１項第４号の特定街区内で建築物を建築するための地役権の設定

(4) 譲渡所得の課税対象となる対価の額

譲渡所得の課税対象となるのは次の金額である（所令79①)。この場合における権利金等の額は権利金の名目で受ける金額だけではなく，通常の場合の金銭の貸付けの条件に比し特に有利な条件による金銭の貸付け（名義にかかわらずこれと同様の経済的性質を有する金銭の交付を含む。）や特別の経済的な利益を受ける場合には，通常の条件で金銭の貸付けを受けた場合に比して受ける利益その他特別の経済的な利益の額を対価の額に加算した金額をもって２分の１等の判定をすることに留意する（所令80①)。

借地契約の形態	譲渡所得の判定
①「建物又は構築物の全部の所有を目的とする借地権」又は「上記(2)の地役権」の設定の場合	権利金等の額が時価の１/２を超えること

② 「地下若しくは空間について上下の範囲を定めた借地権若しくは地役権の設定である場合又は導流堤等若しくは河川法（第６条第１項第３号）に規定する遊水地等の設置を目的とした地役権」の設定の場合	権利金等の額が時価の１/４を超えること
③ 「建物や構築物の一部の所有を目的とする借地権」の設定の場合	権利金等の額が，次の計算式で算出された額の１/２を超えること （時価×建物や構築物の所有部分床面積÷建物や構築物の全体の床面積）
④ 「施設又は工作物の全部の所有を目的とする地下について，上下の範囲を定めた借地権の設定」の場合	権利金等の額が，次の計算式で算出された額の１/２を超えること （地表から大深度までの距離のうち，借地権の設定される範囲のうち最も浅い部分の深さから大深度までの距離の占める割合を乗じて計算した金額）

⑸　譲渡所得の課税対象とならない場合

イ　借地権等の設定の対価として支払を受ける金額がその設定により支払を受ける地代の年額の20倍以下である場合には，譲渡所得に該当しないものと推定される（所令79③）。

ロ　不動産売買を継続的に行っている事業者がその所有する土地に借地権等を設定して時価の２分の１を超える権利金を得た場合であってもその金額は事業所得又は雑所得となる（所法33③）。

３　借地権等の更新料等と譲渡所得

借地権等の契約期間の満了等に伴って支払いを受ける更新料又は借地権者等の変更に伴って支払いを受ける名義書替料は，その実質が契約の更改にかかるものであり，かつ，所得税法施行令第79条（資産の譲渡とみなされる行為）に該当するものを除いて不動産所得に該当する（所基通26－６）。

借地権の設定料と更新料とを合計して譲渡所得の判断をするわけではないことに留意する。ただし木造住宅から鉄筋コンクリート造りに建て替える契約に伴って支払われる対価については，その実質が変更されていることから新たな契約による借地権の設定とみなされるであろう。

事例　**借地権の更新料の額が時価の２分の１以下であるが地代の年額の20倍を超えている場合**

借地権の更新料として1,000万円受け取った。この金額は，貸し付けている土地の更地価額の２分の１以下であるが，地代の年額の20倍を超えているから譲渡所得となるか。

（解説）

所得税法施行令第79条第３項で，借地権の設定により受ける金額が，その設定により支払を受ける地代の年額の20倍に相当する金額以下である場合には，資産の譲渡には当たらないものと推定する旨規定している。この規定は，同条第１項にいう借地権の設定がその土地の時価の２分の１を超えている場合に資産の譲渡とみなされるか否かを判定する上での推定規定である。資産の譲渡に当たるか否かを第１項により判定した場合には，第３項の規定を適用する余地はないものと解される。

借地権の更新料が土地の更地価額の２分の１以下である場合，地代の年額の20倍に相当する金額を超えていたとしても譲渡所得ではなく不動産所得の総収入金額に算入される。

（参考裁決1999年（平成11年）３月23日）

法令・通達等を確認する

所得税法

（不動産所得）

第26条　不動産所得とは，不動産，不動産の上に存する権利，船舶又は航空機（以下この項において「不動産等」という。）の貸付け（地上権又は永小作権の設定その他他人に不動産等を使用させることを含む。）による所得（事業所得又は譲渡所得に該当するものを除く。）をいう。

（譲渡所得）

第33条　譲渡所得とは，資産の譲渡（建物又は構築物の所有を目的とする地上権又は賃借権の設定その他契約により他人に土地を長期間使用させる行為で政令で定めるものを含む。以下この条において同じ。）による所得をいう。
　次に掲げる所得は，譲渡所得に含まれないものとする。
　一　たな卸資産（これに準ずる資産として政令で定めるものを含む。）の譲渡その他営利を目的として継続的に行なわれる資産の譲渡による所得
　二　前号に該当するもののほか，山林の伐採又は譲渡による所得
２　次に掲げる所得は，譲渡所得に含まれないものとする。
　一　たな卸資産（これに準ずる資産として政令で定めるものを含む。）の譲渡その他営利を目的として継続的に行なわれる資産の譲渡による所得
　二　前号に該当するもののほか，山林の伐採又は譲渡による所得
（贈与等の場合の譲渡所得等の特例）
第59条　次に掲げる事由により居住者の有する山林（事業所得の基因となるものを除く。）又は譲渡所得の基因となる資産の移転があつた場合には，その者の山林所得の金額，譲渡所得の金額又は雑所得の金額の計算については，その事由が生じた時に，その時における価額に相当する金額により，これらの資産の譲渡があつたものとみなす。
　一　贈与（法人に対するものに限る。）又は相続（限定承認に係るものに限る。）若しくは遺贈（法人に対するもの及び個人に対する包括遺贈のうち限定承認に係るものに限る。）
　二　著しく低い価額の対価として政令で定める額による譲渡（法人に対するものに限る。）
２　居住者が前項に規定する資産を個人に対し同項第二号に規定する対価の額により譲渡した場合において，当該対価の額が当該資産の譲渡に係る山林所得の金額，譲渡所得の金額又は雑所得の金額の計算上控除する必要経費又は取得費及び譲渡に要した費用の額の合計額に満たないときは，その不足額は，その山林所得の金額，譲渡所得の金額又は雑所得の金額の計算上，なかつたものとみなす。

所得税法施行令
（資産の譲渡とみなされる行為）
第79条　法第33条第１項（譲渡所得）に規定する政令で定める行為は，建物若しくは構築物の所有を目的とする地上権若しくは賃借権（以下この条において「借地権」という。）又は地役権（特別高圧架空電線の架設，特別高圧地中電線若しくはガス事業法第２条第12項（定義）に規定するガス事業者が供給する高圧のガスを通ずる導管の敷設，飛行場の設置，懸垂式鉄道若しくは跨こ座式鉄道の敷設又は砂防法（明治30年法律第29号）第１条（定義）に規定する砂防設備である導流堤その他財務省令で定めるこれに類するもの（第１号において「導流堤等」という。）の設置，都市計画法（昭和43年法律第100号）第４条第14項（定義）に規定する公共施設の設置若しくは同法第８条第１項第４号（地域地区）の特定街区内における建築物の建築のために設定されたもので，建造物の設置を制限するものに限る。以下この条において同じ。）の設定（借地権に係る土地の転貸その他他人に当該土地を使用させる行為を含む。以下こ

の条において同じ。）のうち，その対価として支払を受ける金額が次の各号に掲げる場合の区分に応じ当該各号に定める金額の10分の５に相当する金額を超えるものとする。

一　当該設定が建物若しくは構築物の全部の所有を目的とする借地権又は地役権の設定である場合（第３号に掲げる場合を除く。）　その土地（借地権者にあっては，借地権。次号において同じ。）の価額（当該設定が，地下若しくは空間について上下の範囲を定めた借地権若しくは地役権の設定である場合又は導流堤等若しくは河川法（昭和39年法律第167号）第６条第１項第３号（河川区域）に規定する遊水地その他財務省令で定めるこれに類するものの設置を目的とした地役権の設定である場合には，当該価額の２分の１に相当する金額）

二　当該設定が建物又は構築物の一部の所有を目的とする借地権の設定である場合　その土地の価額に，その建物又は構築物の床面積（当該対価の額が，当該建物又は構築物の階その他利用の効用の異なる部分ごとにその異なる効用に係る適正な割合を勘案して算定されているときは，当該割合による調整後の床面積。以下この号において同じ。）のうちに当該借地権に係る建物又は構築物の一部の床面積の占める割合を乗じて計算した金額

三　当該設定が施設又は工作物（大深度地下の公共的使用に関する特別措置法（平成12年法律第87号）第16条（使用の認可の要件）の規定により使用の認可を受けた事業（以下この号において「認可事業」という。）と一体的に施行される事業として当該認可事業に係る同法第14条第２項第２号（使用認可申請書）の事業計画書に記載されたものにより設置されるもののうち財務省令で定めるものに限る。）の全部の所有を目的とする地下について上下の範囲を定めた借地権の設定である場合　その土地（借地権者にあつては，借地権）の価額の２分の１に相当する金額に，その土地（借地権者にあつては，借地権に係る土地）における地表から同法第２条第１項各号（定義）に掲げる深さのうちいずれか深い方の深さ（以下この号において「大深度」という。）までの距離のうちに当該借地権の設定される範囲のうち最も浅い部分の深さから当該大深度（当該借地権の設定される範囲より深い地下であって当該大深度よりも浅い地下において既に地下について上下の範囲を定めた他の借地権が設定されている場合には，当該他の借地権の範囲のうち最も浅い部分の深さ）までの距離の占める割合を乗じて計算した金額

2　借地権に係る土地を他人に使用させる場合において，その土地の使用により，その使用の直前におけるその土地の利用状況に比し，その土地の所有者及びその借地権者がともにその土地の利用を制限されることとなるときは，これらの者については，これらの者が使用の対価として支払を受ける金額の合計額を前項に規定する支払を受ける金額とみなして，同項の規定を適用する。

3　第１項の規定の適用については，借地権又は地役権の設定の対価として支払を受ける金額が当該設定により支払を受ける地代の年額の20倍に相当する金額以下である場合には，当該設定は，同項の行為に該当しないものと推定する。

所得税基本通達

（譲渡所得の基因となる資産の範囲）

33－１　譲渡所得の基因となる資産とは，法第33条第２項各号に規定する資産及び金銭債権以外の一切の資産をいい，当該資産には，借家権又は行政官庁の許可，認可，割当て等により発生した事実上の権利も含まれる。

租税特別措置法

（長期譲渡所得の課税の特例）（抄）

第31条　個人が，その有する土地若しくは土地の上に存する権利（以下第32条までにおいて「土地等」という。）又は建物及びその附属設備若しくは構築物…（後略）

裁判例（権利金に内包された性格についての判示）

（昭和41年３月15日　東京高裁判決）

巷間において，権利金といわれて不動産賃貸借の当事者間で授受される金銭には，およそ３種の類型が考えられる。その１は，営業権譲渡の対価又はのれん代に当るものであって，これは地代家賃統制令12条の２の創設により権利金の授受が禁止された当初から統制の対象とされなかったものであり（昭和23年12月24日物価庁物５第743号通牒参照），本件の権利金がこれに該当しないことは明らかである。その２は，地代，家賃の一部前払に当るものであって，家屋の所有者が家屋新築のために投下した資本の回収の役割を果しているものが多い。家屋の賃貸借にあたり，権利金の額と賃料の額とが相対的に，すなわち権利金の額が多ければ，賃料の額が少なくなるというように定められる場合のごときは，まさに，この種の権利金が賃料の前払的性質を有することを示している。その３は，賃借権そのものの対価として支払われるものである。すなわち，借地権の設定によって借地人は長期にわたり，その土地を使用する権利を取得する反面，土地所有者は土地の用益権的側面を長期間奪われ，その間土地所有権はあたかも地代収取権に転落し，譲渡その他の処分権は，なお土地所有者にあるといっても，当該土地の交換価値は，通常甚だしく低下してしまうのである。そのために，借地権の価格に相当するものが，借地権の設定にあたり権利金として授受されることになったのであって，この慣行は，東京近辺の都市において，特に多く見られ，その額も，土地所有権の価格の半額を上廻る場合が少なくないことは，当裁判所に顕著なところである。かかる場合の権利金の多くは地代収取権としての底地所有権を土地所有者に留保し，上土権的部分すなわち土地の用益権的側面を借地人に譲渡した対価とみられるものである。

（TAINS　Z044-1466）

II
借地権の取得

1 借地権の取得の日

1　資産の取得の日

譲渡所得の計算において，資産の取得の日や譲渡の日の判定は，長期又は短期譲渡所得の計算にかかわる。つまり税額に大きく影響する。

(1)　原則的取扱い

譲渡所得の計算において，譲渡所得の総収入金額の収入すべき時期は譲渡する資産の引渡しがあった日によるのが大原則である。引渡しがあった日とは当事者間の申し立てだけではなく，所有権移転登記に必要な書類の交付や売買代金の決済等を基に判定する（所基通36−12)。資産を取得した場合の取得の日についても同様に,引渡しがあった日つまり取得者にとっては引渡しを受けた日となる(所基通33−９)。ただし，原則として代金の決済を了した日より後にはならないことに留意する。

借地権の取得の日についても，原則として借地権の引渡し（設定）があった日となる。

(2)　例外的取扱い

①　売買契約の効力の発生の日

譲渡の日の原則は引渡しがあった日によるが，納税者の選択により譲渡に関する契約（以下「売買契約」という）の効力の発生の日により申告があった場合は認められる。資産の取得の日についても，同様に売買契約の効力の発生の日によることもできる（所基通36−12)。借地権の取得の日についても売買契約の効力の発生の日によることもできる。

借地契約を行った日をもって引渡しがあったとした場合でも同様である。

②　贈与，相続又は遺贈によって取得した資産

贈与，相続又は遺贈（以下「相続等」という）によって取得した資産の取得の日については，贈与者・被相続人・遺贈者がその資産を取得した日を受贈者・相続人・受遺者それぞれが引き継ぐ（所法60）。この場合，限定承認によるもの，又は包括遺贈のうち限定承認によるものは，例外として引き継がれない。

相続等により取得した借地権を譲渡した場合は，被相続人又は贈与者がその借地権を取得又は設定した日が取得の日として引き継がれる。相続等があった日が取得の日となるのではないことに留意する。

③　交換・買換えによって取得した資産

交換・買換えによって取得した資産は，交換や買換え特例の適用条文により取得の日が異なる。交換や買換え特例は譲渡資産に対するキャピタルゲイン課税を買換資産に繰り延べる特例であるが，譲渡した資産の取得の日を引き継ぐ特例と引き継がない特例がある。

イ　譲渡した資産の取得の日を引き継ぐ主な特例

資産の取得の日は，その譲渡した特例対象資産を取得した日である。主な特例には次のものがある。

○　固定資産の交換の場合の特例（所法58）

○　収用交換等により代替資産を取得した場合の特例（措法33，33の２，33の３）

ロ　譲渡した資産の取得の日を引き継がない主な特例

資産の取得の日は，その資産を実際に取得した日である。主な特例には次のものがある。

○　特定の居住用財産の買換え（交換）の特例（措法36の２，36の５）

○　特定の事業用資産の買換え（交換）の特例（措法37，37の４）

○　中高層耐火建築物等の建設のための買換え及び交換の特例（措法37の５）

2　借地権者が底地を取得した場合の取得時期

借地権者がその借地権が設定されている宅地（底地）を取得した場合，宅地全体が借地権者の所有となって権利関係の混同により借地権が消滅する。この宅地を譲渡した場合，その取得の日について判断に迷うが，借地権及び底地の譲渡損益をそれぞれ計算するため，借地権部分と底地部分の取得の日は各別に判定することとなる（所基通33–10）。土地等の譲渡所得の計算には分離長期譲渡所得と分離短期譲渡所得があり，税率や特例適用要件が異なることや取得価額の計算を行う必要があるためである。

底地の所有者（地主）が借地権を取得した場合も同様に別々に判定する。

事例　借地権者が底地を取得して譲渡した場合

借地権者Ａが借地権を取得した日は1987年３月である。Ａが土地所有者Ｂから底地を取得したのが2020年５月である。この土地を2022年８月に譲渡した。借地権及び底地の課税関係はどうなるか。

（解説）……………………………………………………………………………

借地権と底地の譲渡の時は同時でも，取得の時が異なれば課税関係が異なる。借地権部分は譲渡した年の１月１日において５年を超えて所有しているので分離長期譲渡所得，底地部分は譲渡した年の１月１日において所有期間が５年以下であるので分離短期譲渡所得となる。

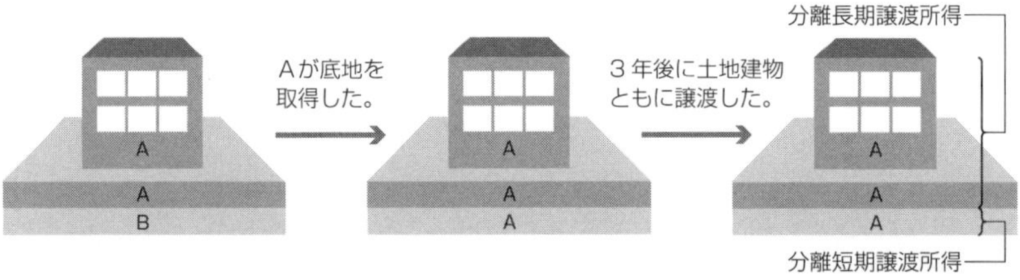

事例　地主が借地権を取得して譲渡した場合

Ｂは相続で取得した土地に1975年３月に借地権を設定し，その後地代を受け取っていた。2020年に借地権者Ａから，高齢となり建物も老朽化したため，子と同居するので借地権を買い取ってほしいということで，その年の５月に借地権を買い取った。その土地は建物を取り壊し更地として保有していたが，2022年４月に譲渡した。借地権及び底地の課税関係はどうなるか。

（解説）……………………………………………………………………………………

底地と借地権を別に計算する。借地権の取得の時が2020年であり，譲渡の年が2022年であることから，借地権部分は譲渡の年の１月１日において所有期間が５年以下であるので分離短期譲渡所得となる。底地部分は分離長期譲渡所得となる。

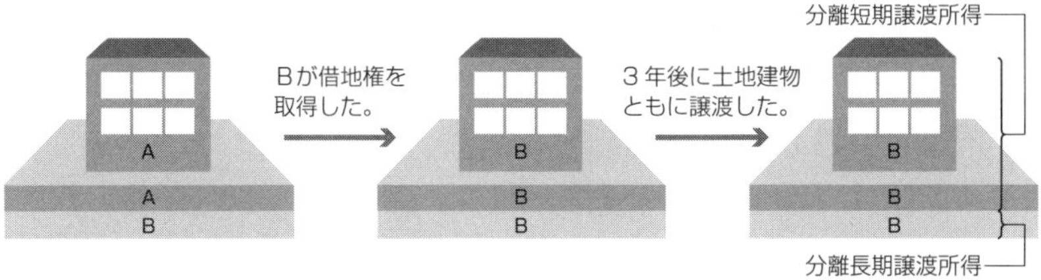

事例　底地所有者と借地権者が同時に土地を譲渡した場合

土地所有者Ａの相続した土地にＢがＸ年に借地権を設定していた。近隣の土地の開発があるため，ＡとＢはともに不動産業者にＸ10年に譲渡した。借地権及び底地の課税関係はどうなるか。

（解説）……………………………………………………………………………………

Ａの底地及びＢの借地権はそれぞれ別個に計算する。その権利の取得時期は譲渡以前５年を超えていることから，分離長期譲渡所得となる。

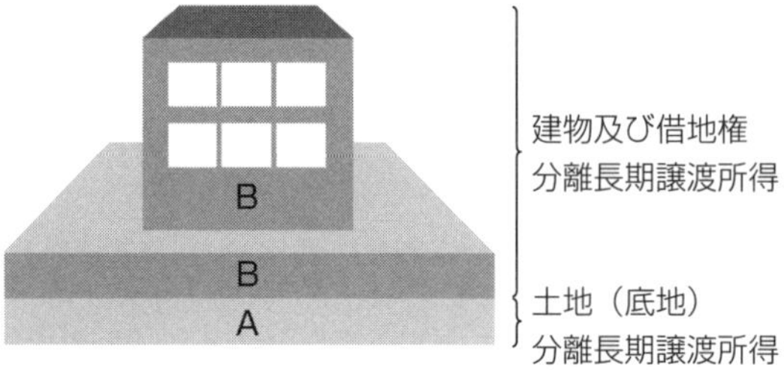

法令・通達等を確認する

所得税基本通達

（資産の取得の日）

33－９　法第33条第３項第１号に規定する取得の日は，次による。

⑴　他から取得した資産については，36－12に準じて判定した日とする。

⑵　自ら建設，製作又は製造（以下この項において「建設等」という。）をした資産については，当該建設等が完了した日とする。

⑶　他に請け負わせて建設等をした資産については，当該資産の引渡しを受けた日とする。

（借地権者等が取得した底地の取得時期等）

33－10　借地権その他の土地の上に存する権利（以下「借地権等」という。）を有する者が当該権利の設定されている土地（以下「底地」という。）を取得した場合には，その土地の取得の日は，当該底地に相当する部分とその他の部分とを各別に判定するものとする。

底地を有する者がその土地に係る借地権等を取得した場合も，同様とする。

（山林所得又は譲渡所得の総収入金額の収入すべき時期）

36－12　山林所得又は譲渡所得の総収入金額の収入すべき時期は，山林所得又は譲渡所得の基因となる資産の引渡しがあった日によるものとする。ただし，納税者の選択により，当該資産の譲渡に関する契約の効力発生の日（農地法第３条第１項《農地又は採草放牧地の権利移動の制限》若しくは第５条１項本文《農地又は採草放牧地の転用のための権利移動の制限》の規定による許可（同条第４項の規定により許可があったものとみなされる協議の成立を含む。以下同じ。）を受けなければならない農地若しくは採草放牧地（以下この項においてこれらを「農地等」という。）の譲渡又は同条第１項第６号の規定による届出をしてする農地等の譲渡については，当該農地等の譲渡に関する契約が締結された日）により総収入金額に算入して申告があったときは，これを認める。

2 借地権の取得費

1　借地権の一般的な取得費

借地権の取得費は，土地の取得費と同様，借地権を取得するに際して実際に要した費用である。具体的には次の通り借地権設定のための権利金等をいう（所基通38−12）。

イ　借地権設定のために土地所有者又は借地権者に支払った権利金等

ロ　建物等を取得した場合のその建物等の購入代価のうち借地権の対価と認められる部分

この場合，借地権の対価と認められる部分の金額が建物等の購入代価のおおむね10％以内である時は，強いて区分しないで建物等の取得費に含めることができる。対価として少額なものまで借地権としなくても構わないという趣旨である。

ハ　賃借した土地の改良のための土盛り，地ならし，埋立て等の整地に要した費用

ニ　借地契約に当たり支出した手数料その他の費用

具体的には，仲介料等購入のために要した費用がある。

ホ　建物等を増改築するに当たり，土地所有者又は借地権者に支払った費用

ヘ　売買契約書に貼付した収入印紙

2　概算取得費

概算取得費とは1952年（昭和27年）12月31日以前から所有している借地権を譲渡し，その取得価額が不明な場合，譲渡収入金額の５％を取得費として控除できる特例である。1956年（昭和28年）１月１日以後に取得した土地建物等についても適用できる。取得価額が不明な場合に適用することが多いことから，長期保有資産の譲渡所得の計算において適用されるが，短期保有資産の譲渡でも適用できる（措通31の４−１）。しかし借地権の設定の対価を支払って５年後にはその金額が判明しないというケースはほとんど考えられない。

事例　借地契約の更新料を２度支払った場合

私は昭和50年に，借地権の対価として権利金を900万円支払って借地していた。X0年に，建物を建て替えすると同時に借地権の更改をし，1,000万円支払い，X4年にその借地権を譲渡した。権利金と更新料はどのような扱いとなるか。

（解説）……………………………………………………………………………………………………

借地権の設定による権利金は取得費となる。また，更新料についても取得費となるので合計1,900万円が取得費となる。借地契約更改から５年未満の譲渡であるが，元より借地権を保有しているので，長期譲渡所得として計算する。

法令・通達等を確認する

所得税基本通達

（借地権の取得費）

38－12　借地権の取得費には，土地の賃貸借契約又は転貸借契約（これらの契約の更新及び更改を含む。以下この項において「借地契約」という。）をするに際して借地権の対価として土地所有者又は借地権者に支払った金額のほか，次に掲げる金額を含むものとする。ただし，⑴に掲げる金額が建物等の購入代価のおおむね10%以下の金額であるときは，強いてこれを区分しないで建物等の取得費に含めることができる。

⑴　土地の上に存する建物等を取得した場合におけるその建物等の購入代価のうち借地権の対価と認められる部分の金額

⑵　賃借した土地の改良のためにした土盛り，地ならし，埋立て等の整地に要した費用の額

⑶　借地契約に当たり支出した手数料その他の費用の額

⑷　建物等を増改築するに当たりその土地の所有者又は借地権者に対して支出した費用の額

3 借地権等を設定した場合の取得費の計算

借地権又は地役権の設定に伴い権利金等を収受した場合，原則として不動産所得となる。地価水準の高い地域においては権利金等の額も高額となるため，権利金等の額が更地価額の２分の１を超える場合，借地権の譲渡となる。譲渡所得の計算上控除する取得費は，その借地権等の設定をした土地の取得に要した金額及び改良費の額の合計額に，次の①に掲げる金額が②に掲げる金額のうちに占める割合を乗じて計算した金額とする（所令174）。

① その借地権等の設定の対価として支払を受ける金額

② その借地権等の設定の対価として支払を受ける金額とその借地権等の設定をされている土地（底地）としての価額（その土地が借地権等の設定の目的である用途にのみ使用される場合において，その底地としての価額が明らかでなく，かつ，その借地権等の設定により支払を受ける地代があるときは，その地代の年額の20倍に相当する金額）との合計額

譲渡所得の計算をするにあたって，取得費の計算は具体的には次のように設定時の態様に応じ行う。

(1) その土地に初めて借地権等を設定した場合

所有している土地に初めて借地権等を設定した場合は，その土地の取得費を底地部分と借地権部分に配分する。借地権部分の取得費の計算は次のとおりである（所基通38－４）。

$$\text{その借地権等を設定した土地の取得費（A）} \times \frac{\text{その借地権等の設定の対価として支払いを受ける金額（B）}}{\text{B＋その土地の底地としての価額（C）}}$$

(2) 現に借地権等を設定している土地について，更に借地権等を設定した場合

借地権等を設定している土地に対し，更に借地権等を設定した場合，つまり転貸借地権の取得費の計算は次のとおりである。

$$\left[A - \begin{array}{l}\text{現に設定されている借地}\\ \text{権等につき(1)により計算}\\ \text{して取得費とされた金額}\end{array} \right] \times \frac{B}{B+C}$$

(3) 先に借地権等の設定があった土地で，現に借地権等を設定していないものについて借地権等を設定した場合

以前に借地権等を設定していたが，何らかの事情で更に借地権等を設定したような場合である。借地契約が終了し自用地となったのちに，新たに借地契約を締結したような場合が想定される。この時の計算は，土地の取得費のうち先に設定した際に控除された借地権部分相当額を控除して計算する。この計算による金額が赤字となる場合は，取得費相当額は今回の借地権等の設定では控除できないことに留意する。なお，上記(2)が適用される場合は除かれる。

$$A \times \frac{B}{B+C} - \begin{array}{l}\text{先に設定した借地権等}\\ \text{につき(1)により計算して}\\ \text{取得費とされた金額}\end{array}$$

事例　借地権を設定した場合の取得費の計算

X0年に宅地を4,000万円で購入し更地のまま放置していたが，X30年にAの求めに応じて借地権を設定した。更地の時価は8,000万円であるので権利金として5,000万円を受け取った。借地権を設定した時の底地の価額3,000万円とした場合の借地権の取得費はどのように計算するか。

（解説）……………………………………………………………………………………

借地権の設定の対価として受取った権利金は時価の２分の１を超えているので，譲渡所得の対象となる。収入金額は5,000万円である。その時の取得費は次のとおりである。

$$4{,}000\text{万円} \times \frac{5{,}000\text{万円}}{5{,}000\text{万円}+3{,}000\text{万円}} = 2{,}500\text{万円}$$

法令・通達等を確認する

所得税法施行令

（借地権等の設定をした場合の譲渡所得に係る取得費）

第174条　第79条第１項（資産の譲渡とみなされる行為）に規定する借地権又は地役権（以下この条において「借地権等」という。）の設定（借地権に係る土地を他人に使用させる行為を含む。以下この条において同じ。）につき法第33条第１項（譲渡所得）の規定の適用がある場合において，当該設定に係る譲渡所得の金額の計算上控除する取得費は，その借地権等の設定をした土地の取得に要した金額及び改良費の額の合計額に，第１号に掲げる金額が第２号に掲げる金額のうちに占める割合を乗じて計算した金額とする。

一　その借地権等の設定の対価として支払を受ける金額

二　前号に掲げる金額とその借地権等の設定をされている土地（以下この条において「底地」という。）としての価額（当該土地が借地権等の設定の目的である用途にのみ使用される場合において，当該底地としての価額が明らかでなく，かつ，その借地権等の設定により支払を受ける地代があるときは，その地代の年額の20倍に相当する金額）との合計額

2　借地権等の設定をしている土地につき更に他の者に対し借地権等の設定をした場合において，前の借地権等の設定につき前項の規定によりその取得費とされた金額があるときは，当該他の者に対する借地権等の設定に係る同項の規定の適用については，当該土地に係る同項に規定する取得に要した金額及び改良費の額の合計額は，当該合計額に相当する金額から当該取得費とされた金額を控除した金額とする。

3　第１項の規定を適用する場合において，先に借地権等の設定があつた土地につき現に借地権等の設定がなく，かつ，同項の規定により当該先の借地権等の設定に係る譲渡所得の金額の計算上控除された取得費があるときは，当該先の借地権等（同項の使用に係る権利を含む。以下この項において同じ。）の消滅につき対価を支払つた場合を除き，第１項に規定する取得費は，同項の借地権等につき同項の規定により計算した金額から当該控除された取得費に相当する金額を控除した金額とする。

4　第１項の規定を適用する場合において，当該借地権等の設定に係る土地が昭和27年12月31日以前から引き続き所有していたものであるときは，当該土地に係る同項に規定する取得に要した金額及び改良費の額の合計額は，当該土地につき第172条第１項及び第２項（昭和27年12月31日以前に取得した資産の取得費）の規定により計算した金額と昭和28年１月１日以後に支出した改良費の額との合計額に相当する金額とする。

所得税基本通達

（借地権等の設定をした場合の譲渡所得に係る取得費）

38－4　借地権等の設定の対価による所得が譲渡所得とされる場合において，令第174条《借地権等の設定をした場合の譲渡所得に係る取得費》の規定により当該譲渡所得に係る収入金額から控除する取得費は，次に掲げる場合の区分に応じ，それぞれ

次に掲げるところにより計算した金額となることに留意する。

⑴　その土地について初めて借地権等を設定した場合

$$\text{その借地権等を設定した土地の取得費（A）} \times \frac{\text{その借地権等の設定の対価として支払いを受ける金額（B）}}{\text{B＋その土地の底地としての価額（C）}}$$

⑵　現に借地権等を設定している土地について更に借地権等を設定した場合

$$\left(\text{A}-\text{現に設定されている借地権等につき⑴により計算して取得費とされた金額}\right) \times \frac{\text{B}}{\text{B＋C}}$$

⑶　先に借地権等の設定があった土地で現に借地権等を設定していないものについて借地権等を設定した場合（38－4の2の取扱いが適用される場合を除く。）

$$\text{A} \times \frac{\text{B}}{\text{B+C}} - \text{先に設定した借地権等につき⑴により計算して取得費とされた金額}$$

（注）この算式により計算した金額が赤字となる場合は，その赤字はゼロとする。

III
借地権の譲渡

1 借地権の譲渡の日

譲渡所得の総収入金額の収入すべき時期とは，譲渡があった日のことをいうが次のとおり原則的取扱いと例外的取扱いがある。

(1) 原則的取扱い

借地権の譲渡の日とは，資産の取得の日に記載した通り資産の引渡しがあった日による。ただし,原則として譲渡代金の決済を了した日より後にはならない(所基通36−12)。

借地権の譲渡の日についても，原則として借地権の引渡し（設定）があった日となる。

(2) 例外的取扱い

譲渡所得の総収入金額の収入すべき時期は，資産の引渡しがあった日によるものであるが，納税者の選択により，売買契約の効力発生の日により総収入金額に算入して申告することができる（所基通36−12)。

2 譲渡資産のうちに短期保有資産と長期保有資産がある場合

(1) 収入金額の案分

一つの契約で譲渡した資産のうちに短期保有資産と長期保有資産がある場合，譲渡収入金額は譲渡の時の価額（時価）の比によって案分して計算する（所基通33−11)。地主が借地権を買い取る，又は借地権者が底地を買い取って土地全体を譲渡する場合が該当する。

⑵ 譲渡費用の案分

譲渡費用についてもそれぞれの資産に係る譲渡費用を加算するが，短期保有資産と長期保有資産に対応する金額が判別できない場合，譲渡収入金額の日に応じて案分して計算する。

3 借地権の譲渡費用

譲渡所得の金額は，総収入金額から所得の起因となった資産の取得費及びその資産の譲渡に要した費用（譲渡費用）の額の合計額を控除する。譲渡費用とは登記費用，仲介手数料等譲渡のために直接要した費用のことをいう（所法33④）。借地権の譲渡の計算においても同様である。

1 譲渡費用（所基通33－７）

① 仲介手数料

② 売買契約書に貼付した印紙代

③ 運搬費（譲渡物等の運搬費をいう）

④ 登記若しくは登録に要する費用

⑤ 土地を譲渡するに際して要する測量費，分筆費用等（譲渡物件に係る部分のみの費用である）

⑥ 譲渡に際して借家人を立ち退かせるための立退料

⑦ 土地等を譲渡するためその土地の上にある建物等の取壊しに要した費用

⑧ 既に売買契約を締結している資産を更に有利な条件で他に譲渡するため契約を解除したことに伴い支出する違約金

⑨ 資産の譲渡価額を増加させるために支出した費用

⑩ 土地等の譲渡に際して建物等を取壊し又は除去した場合の取壊し損失（廃材がある場合にはその価額を除く）（所基通33－８）。

⑪ 農地転用許可等が停止条件となっている土地改良区内への農地の売買契約において，土地改良区へ支払った農地転用決済金等（平成19年６月22日付庁通達）

⑫　その他譲渡のために直接要した費用

2　譲渡費用に該当しないもの

次の費用は，譲渡に際して支払った場合でも譲渡所得に対応する費用とならないため認められない。

①　譲渡資産の修繕費・固定資産税その他その資産の維持管理に要する費用

②　譲渡資産の遺産分割協議に係る弁護士費用

③　申告書の作成や税務相談に係る税理士費用

④　住所変更登記費用・抵当権抹消費用

⑤　自己の引越費用（譲渡に際する運搬費や立退き費用とは認められない）

⑥　資産の取得費に該当するもの

4　借地権を取得し，その土地を譲渡した場合の収入金額の区分

1　地主が借地権を取得して譲渡した場合

借地権が設定されている土地の所有者（地主）が，借地権を買い取って借地権を消滅させるケースがある。いわゆる借地権の買い戻しである。また，借地権を贈与により取得することもある。

その土地については第三者の権利がなくなるので，地主が100％の所有権となる。その後，その土地を一の契約で譲渡する，もしくは新たに借地権を設定し権利金等の額がその土地の時価の２分の１を超えたことにより譲渡所得の課税対象となることもある。この場合，譲渡所得の計算においては底地部分と借地権部分を分ける必要がある。なぜなら，それぞれの権利の取得時期及び取得価額が異なるからである。取得時期の違いにより，その譲渡益に対する税率が分離短期譲渡所得又は分離長期譲渡所得となり，税負担が大きく異なる。

実務的にも，譲渡した土地のうち借地権等の消滅時に取得したものとされる部分（以下「旧借地権部分」という）及びその他の部分（以下「旧底地部分」という）をそれぞれ譲渡し，又はそれぞれの部分について借地権等の設定をしたものとして取り扱うこととなっている。この場合における旧借地権部分及び旧底地部

分に係る収入金額は，それぞれ次に掲げる算式により計算した金額による（所基通33−11の２）。借地権を取得した直後に譲渡する場合は譲渡損益が見込まれない場合が多いが，ある程度の期間が経過した後に譲渡する場合や土地の価額に変動があるときは特に注意しなければならない。旧借地権部分及び旧底地部分についてそれぞれ別に損益を計算する必要がある。

この考え方は，旧借地権部分と旧底地部分が同等の割合で値上がりしている前提である。

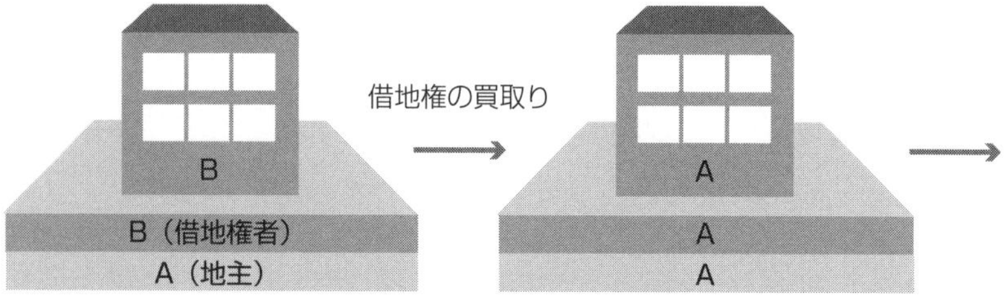

譲渡 →

譲渡資産の区分	収入金額の配分	取得費の計算
旧借地権部分	下記⑴による	5 ⑴イによる
旧底地部分	下記⑵による	5 ⑴ロによる

⑴　旧借地権部分に係る収入金額

旧借地権部分の収入金額は，その旧借地権等の消滅した時点における更地の価額に対する割合を援用して計算する。旧借地権等の消滅時のその土地の更地価額は時価により計算する。

$$\text{その土地の譲渡の対価の額又は新たに設定した借地権等の対価の額} \times \frac{\text{旧借地権等の消滅時の旧借地権等の価額}}{\text{旧借地権等の消滅時のその土地の更地価額}}$$

⑵　旧底地部分に係る収入金額

旧底地部分の収入金額は旧借地権等の価額を控除した額になる。

$$\text{その土地の譲渡の対価の額又は新たに設定した借地権等の対価の額} - \text{(1)の金額}$$

事例　地主が借地権を買い取って数年後に更地として譲渡した場合

Ｘ4年５月に更地300㎡を9,000万円で譲渡した。この土地は60年前に取得したものであるが，その後借地権を設定し，Ｘ1年10月に借地権を5,000万円で買い取り更地にしたものである。借地権消滅当時の更地の時価は8,000万円である。この場合，譲渡収入金額はどのように計算するか。

（解説）……………………………………………………………………………………

譲渡価額9,000万円を旧借地権部分と旧底地部分とに分けて計算する。借地権消滅時のその土地の更地価額は8,000万円であるため，譲渡収入金額に対する借地権価額の按分を計算する。

なお，旧借地権部分は譲渡の年の１月１日において所有期間が５年以下であるため短期譲渡所得になる。旧底地部分の取得価額が不明であるため概算取得によって計算した。

【旧借地権部分】

・収入金額

$$9{,}000\text{万円} \times \frac{5{,}000\text{万円}}{8{,}000\text{万円}} = 5{,}625\text{万円}$$

・短期譲渡所得

5,625万円－5,000万円＝625万円

【旧底地部分】

・収入金額

9,000万円－5,625万円＝3,375万円

・長期譲渡所得

3,375万円－（3,375万円×0.05）＝3,206万円

法令・通達等を確認する

所得税基本通達

（譲渡資産のうちに短期保有資産と長期保有資産とがある場合の収入金額等の区分）

33－11　一の契約により譲渡した資産のうちに短期保有資産（法第33条第３項第１号

に掲げる所得の基因となる資産をいう。）と長期保有資産（同項第２号に掲げる所得の基因となる資産をいう。）とがある場合には，それぞれの譲渡資産の収入金額は，当該譲渡に係る収入金額の合計額をそれぞれの譲渡資産の当該譲渡の時の価額の比によりあん分して計算するものとし，当該譲渡資産に係る譲渡費用で個々の譲渡資産との対応関係の明らかでないものがあるときは，当該譲渡費用の額をそれぞれの資産に係る収入金額の比であん分するなど合理的な方法によりそれぞれの資産に係る当該譲渡費用の額を計算するものとする。この場合において，当事者の契約によりそれぞれの譲渡資産に対応する収入金額が区分されており，かつ，その区分がおおむねその譲渡の時の価額の比により適正に区分されているときは，これを認める。

（借地権等を消滅させた後，土地を譲渡した場合等の収入金額の区分）
33−11の２　借地権等の設定されている土地の所有者が，当該借地権等を消滅させた後に当該土地を譲渡し，又は当該土地に新たな借地権等の設定（その設定による所得が譲渡所得とされる場合に限る。）をした場合には，当該土地のうち借地権等の消滅時に取得したものとされる部分（以下この項において「旧借地権部分」という。）及びその他の部分（以下この項において「旧底地部分」という。）をそれぞれ譲渡し，又はそれぞれの部分について借地権等の設定をしたものとして取り扱うものとし，この場合における旧借地権部分及び旧底地部分に係る収入金額は，それぞれ次に掲げる算式により計算した金額によるものとする。

⑴　旧借地権部分に係る収入金額

$$\text{当該土地の譲渡の対価の額又は当該新たに設定した借地権等の対価の額} \times \frac{\text{旧借地権等の消滅時の旧借地権等の価額}}{\text{旧借地権等の消滅時の当該土地の更地価額}}$$

（注）「旧借地権等の消滅時の旧借地権等の価額」は，その借地権等の消滅につき対価の支払があった場合において，その対価の額が適正であると認められるときは，その対価の額（手数料その他の附随費用の額を含まない。）によることができる。

⑵　旧底地部分に係る収入金額

$$\text{当該土地の譲渡の対価の額又は新たに設定した借地権等の対価の額} - \text{⑴の金額}$$

（注）借地権等を消滅させた後，土地を譲渡した場合等における譲渡所得の金額の計算上控除する取得費の額の区分については，38−４の２参照。

5 借地権等を取得し，譲渡した場合の取得費の計算

借地権等の設定されている土地の所有者（地主）が，その土地に設定されている借地権等を買い取って借地権を消滅させた場合，その土地は第三者の権利がな

くなるので地主が100％の所有権となる。その後その土地を譲渡する若しくは新たに借地権を設定した場合の，旧底地部分及び旧借地権部分の取得費の計算は次のように行う（所基通38－４の２）。

その土地を譲渡した場合と，その土地の上に新たに借地権を設定した場合がある。

⑴　土地を譲渡した場合

借地権を取得して自用地とし，その土地のうち一部を譲渡した場合は次のように計算する。

なお，記号の内容は次のとおりである。

Ⓐ：旧借地権等の消滅につき支払った対価の額

Ⓑ：譲渡又は借地権等の設定をした土地の取得費

Ⓒ：先に設定した借地権につき所得税基本通達38－４により計算して取得費とされた金額

Ⓓ：新たに設定した借地権等の対価の額

Ⓔ：新たに借地権等の設定をした時のその土地の更地価額

Ⓕ：土地の面積

Ⓖ：土地のうち譲渡した部分の面積

イ　旧借地権部分に係る取得費

$$\text{Ⓐ} \times \frac{\text{Ⓖ}}{\text{Ⓕ}}$$

（注）「旧借地権等の消滅につき支払った対価の額」は，所得税法第60条第１項《贈与等により取得した資産の取得費等》の規定の適用がある場合には，同項の規定により計算した金額となる。

ロ　旧底地部分に係る取得費

$$(\text{Ⓑ} - \text{Ⓒ}) \times \frac{\text{Ⓖ}}{\text{Ⓕ}}$$

⑵　その土地に新たに借地権等を設定した場合

イ　旧借地権部分に係る取得費

$$\{(\text{Ⓑ} - \text{Ⓒ}) + \text{Ⓐ}\} \times \frac{\text{Ⓓ}}{\text{Ⓔ}} \times \frac{\text{Ⓐ}}{(\text{Ⓑ} - \text{Ⓒ}) + \text{Ⓐ}}$$

ロ　旧底地部分に係る取得費

$$\{(Ⓑ-Ⓒ)+Ⓐ\}\times\frac{Ⓓ}{Ⓔ}\times\frac{Ⓑ-Ⓒ}{(Ⓑ-Ⓒ)+Ⓐ}$$

事例　**地主が借地権を買い取って１年後に一部を譲渡した場合**

底地所有者Ａは，借地権者Ｂから借地権250㎡を50,000千円で買い取り，１年後にそのうち100㎡を譲渡した。なお，この宅地は，20年前に40,000千円で更地として取得したものであるが，借地権を設定した際に譲渡所得の計算上取得費として25,000千円を算入した。この場合，譲渡した借地権の取得費はどのように計算するか。

（解説）……………………………………………………………………………………

借地権を取得し，更地にした後でその土地の一部を譲渡した場合，借地権部分と旧底地部分とに分けて計算する。

旧借地権部分の取得費の計算は次のとおりである。

$$50,000\text{千円}\times\frac{100\text{㎡}}{250\text{㎡}}=20,000\text{千円}$$

旧底地の取得費は既に25,000千円を取得費として計上済みなので土地取得費から控除して計算する。

$$(40,000\text{千円}-25,000\text{千円})\times\frac{100\text{㎡}}{250\text{㎡}}=6,000\text{千円}$$

法令・通達等を確認する

所得税基本通達

（借地権等を消滅させた後，土地を譲渡した場合等の譲渡所得に係る取得費）

38－４の２　借地権等の設定されている土地の所有者が，対価を支払って当該借地権等を消滅させ，又は当該借地権等の贈与を受けたことにより当該借地権等が消滅した後に当該土地を譲渡し，又は当該土地に新たな借地権等の設定（その設定による所得が譲渡所得とされる場合に限る。）をした場合における譲渡所得の金額の計算上控除する33－11の２に定める旧借地権部分及び旧底地部分に係る取得費は，次に掲げる場合の区分に応じ，それぞれ次に掲げる算式により計算した金額によるものとする。

(1)　当該土地を譲渡した場合

イ　旧借地権部分に係る取得費

$$\text{旧借地権等の消滅につき支払った対価の額(A)} \times \frac{\text{その土地のうち譲渡した部分の面積}}{\text{当該土地の面積}}$$

（注）「旧借地権等の消滅につき支払った対価の額」は，法第60条第１項《贈与等により取得した資産の取得費等》の規定の適用がある場合には，同項の規定により計算した金額となる。

ロ　旧底地部分に係る取得費

$$\left[\text{譲渡又は借地権等の設定をした土地の取得費(B)} - \text{先に設定した借地権等につき38－4により計算して取得費とされた金額(C)} \times \frac{\text{当該土地のうち譲渡した部分の面積}}{\text{当該土地の面積}}\right]$$

(2)　当該土地につき新たに借地権等の設定をした場合

イ　旧借地権部分に係る取得費

$$\{(B-C)+A\} \times \frac{\text{新たに設定した借地権等の対価の額(D)}}{\text{新たに借地権等の設定をした時のその土地の更地価額(E)}} \times \frac{A}{(B-C)+A}$$

ロ　旧底地部分に係る取得費

$$\{(B-C)+A\} \times \frac{D}{E} \times \frac{B-C}{(B-C)+A}$$

6 底地を取得した後，土地を譲渡した場合等の収入金額の区分

借地権等を有する者が，底地を取得した後に，その土地を譲渡し，又はその土

地に借地権等の設定をした場合，土地のうち取得した底地に相当する部分（旧底地部分）及びその他の部分（旧借地権部分）をそれぞれ譲渡し，又はそれぞれの部分について借地権等の設定をしたものとして取り扱う。この場合の旧底地部分及び旧借地権部分に係る収入金額は，それぞれ次に掲げる算式により計算した金額による（所基通33−11の3）。

⑴　旧底地部分に係る収入金額

$$\text{土地の譲渡の対価の額又は設定した借地権等の対価の額} \times \frac{\text{旧底地の取得時の旧底地の価額}}{\text{旧底地の取得時の土地の更地価額}}$$

（注）「旧底地の取得時の旧底地の価額」は，その底地の取得にあたって対価の支払があった場合，対価の額が適正であると認められるときは，その対価の額（手数料その他の附随費用の額を含まない。）によることができる。

⑵　旧借地権部分に係る収入金額

$$\text{土地の譲渡の対価の額又は設定した借地権等の対価の額} - \text{⑴の金額}$$

（注）底地を取得した後，土地を譲渡した場合等の譲渡所得の金額の計算上控除する取得費の額の区分については，所得税基本通達38−4の3参照。

法令・通達等を確認する

所得税基本通達

（底地を取得した後，土地を譲渡した場合等の収入金額の区分）

33−11の3　借地権等を有する者が，当該借地権等に係る底地を取得した後に当該土地を譲渡し，又は当該土地に借地権等の設定をした場合には，当該土地のうちその取得した底地に相当する部分（以下この項において「旧底地部分」という。）及びその他の部分（以下この項において「旧借地権部分」という。）をそれぞれ譲渡し，又はそれぞれの部分について借地権等の設定をしたものとして取り扱うものとし，この場合における旧底地部分及び旧借地権部分に係る収入金額は，それぞれ次に掲げる算式により計算した金額によるものとする。（昭56直資3−2，直所3−3追加）

⑴　旧底地部分に係る収入金額

$$\text{当該土地の譲渡の対価の額又は当該設定した借地権等の対価の額} \times \frac{\text{旧底地の取得時の旧底地の価額}}{\text{旧底地の取得時の当該土地の更地価額}}$$

（注）「旧底地の取得時の旧底地の価額」は，その底地の取得につき対価の支払があった場合において，その対価の額が適正であると認められるときは，その対価の額（手数料その他の附随費用の額を含まない。）によることができる。

⑵　旧借地権部分に係る収入金額

当該土地の譲渡の対価の額又は当該設定した借地権等の対価の額　－ ⑴の金額

（注）底地を取得した後，土地を譲渡した場合等における譲渡所得の金額の計算上控除する取得費の額の区分については，38－４の３参照。

7 底地を取得した後，土地を譲渡した場合等の取得費

借地権者が，底地を取得した後にその土地を譲渡し，又は土地に借地権等の設定をした場合の譲渡所得の計算上控除する所基通33–11の３に定める旧底地部分及び旧借地権部分に係る取得費は，次の算式により計算した金額による（所基通38–４の３）。

なお，記号の内容は次のとおりである。

Ⓐ：旧底地を取得するために支払った対価の額

Ⓑ：旧借地権等の設定又は取得に要した対価の額

Ⓒ：借地権等の設定の対価の額

Ⓓ：借地権等を設定したときのその土地の更地価額

Ⓔ：土地の面積

Ⓕ：土地のうち譲渡した部分の面積

⑴　土地を譲渡した場合

イ　旧底地部分に係る取得費

$$\text{Ⓐ}\times\frac{\text{Ⓕ}}{\text{Ⓔ}}$$

（注）「底地の取得のために要した金額」は，所得税法第60条第１項の規定の適用がある場合には，同項の規定により計算した金額となる。

ロ　旧借地権部分に係る取得費

$$\text{Ⓑ} \times \frac{\text{Ⓕ}}{\text{Ⓔ}}$$

⑵　その土地に借地権等を設定した場合

イ　旧底地部分に係る取得費

$$(\text{Ⓐ}+\text{Ⓑ}) \times \frac{\text{Ⓒ}}{\text{Ⓓ}} \times \frac{\text{Ⓐ}}{\text{Ⓐ}+\text{Ⓑ}}$$

ロ　旧借地権部分に係る取得費

$$(\text{Ⓐ}+\text{Ⓑ}) \times \frac{\text{Ⓒ}}{\text{Ⓓ}} \times \frac{\text{Ⓑ}}{\text{Ⓐ}+\text{Ⓑ}}$$

法令・通達等を確認する

所得税基本通達

（底地を取得した後，土地を譲渡した場合等の譲渡所得に係る取得費）

38－４の３　借地権等を有する者が，当該借地権等に係る底地を取得した後に当該土地を譲渡し，又は当該土地に借地権等の設定をした場合における譲渡所得の金額の計算上控除する33－11の３に定める旧底地部分及び旧借地権部分に係る取得費は，次に掲げる場合の区分に応じ，それぞれ次に掲げる算式により計算した金額によるものとする。

⑴　当該土地を譲渡した場合

イ　旧底地部分に係る取得費

$$\text{底地の取得のために要した金額(A)} \times \frac{\text{当該土地のうち譲渡した部分の面積}}{\text{当該土地の面積}}$$

（注）「底地の取得のために要した金額」は，法第60条第１項の規定の適用がある場合には，同項の規定により計算した金額となる。

ロ　旧借地権部分に係る取得費

$$\text{旧借地権等の設定又は取得に要した金額(B)} \times \frac{\text{当該土地のうち譲渡した部分の面積}}{\text{当該土地の面積}}$$

⑵　当該土地につき借地権等の設定をした場合

イ　旧底地部分に係る取得費

$$(\text{A}+\text{B}) \times \frac{\text{借地権等の設定の対価の額(C)}}{\text{借地権等の設定をした時のその土地の更地価額(D)}} \times \frac{\text{A}}{\text{A}+\text{B}}$$

□　旧借地権部分に係る取得費

$$(A+B) \times \frac{C}{D} \times \frac{B}{A+B}$$

IV
借地権と底地の交換

1 固定資産の交換

A宅地を提供して代わりにB宅地を取得する，いわゆる等価交換事例は多い。金銭の授受が伴うこともあるが，一般的には金銭の授受が発生しないように面積等の調整を行うことが多い。農地や宅地が飛び地になっている場合や居住環境，事業環境の調整等に利用される。

交換は当事者が互いに金銭以外の財産権を移転することを約することによって，その効力を生じるごく普通にみられる契約の一種である（民法586）。A宅地を所有する甲が，B宅地に隣接する甲所有の宅地を有効利用するためにB宅地を手に入れたいと考えB宅地所有者である乙に買取を打診するが，乙はA宅地との交換なら応じる，ということで交換が成立する。甲にとってはA宅地を提供しB宅地をその対価として取得したことになるので，B宅地の価額が譲渡所得の収入金額となる。

資産の移転の対価として金銭的価値あるものを受け取れば，その受け取ったものの価額がその資産の価額となる。土地を等価で交換した場合，金銭の授受はないとしても譲渡所得の対象となる。ただし，資産の譲渡に伴い，同等の価値を持つ同種の資産を受け取った場合等一定の条件に合致する場合は，実質的には譲渡がなかったとみなされる（所法58）。交換があった時にキャピタル・ゲイン課税を行わず，将来交換取得資産を譲渡した時に課税するという趣旨から生まれた制度である。

2 交換特例の要件

資産の交換は原則として譲渡所得の課税の対象となるが，次の要件に適合すれば譲渡がなかったものとみなされ，課税は行われない（所法58)。

① 交換により譲渡した資産（以下「交換譲渡資産」という）及び交換により取得した資産（以下「交換取得資産」という）はともに固定資産であること。

② 交換譲渡資産と交換取得資産がいずれも次の区分別に同種の資産であること。

イ 土地，借地権（建物や構築物の所有を目的とする地上権や賃借権)，耕作権（農地法第２条第１項に規定するもの）

ロ 建物，建物に付属する設備，構築物

ハ 機械及び装置

ニ 船舶

ホ 鉱業権（租鉱権，採石権その他土石を採掘や採取する権利）

③ 交換譲渡資産及び交換取得資産ともにその所有者が１年以上所有していた資産であること。

④ 交換の相手方の資産は，交換の目的で取得したものでないこと。

⑤ 交換取得資産を交換譲渡資産の交換直前と同一の用途に供すること（所基通58－６，７)。

資産の種類	用途の区分
土地	①宅地 ②田畑 ③鉱泉地 ④池沼 ⑤山林 ⑥牧場や原野 ⑦その他
建物	①居住の用 ②店舗や事務所の用 ③工場の用 ④倉庫の用 ⑤その他の用
船舶	①漁船 ②運送船 ③作業船 ④その他
機械装置	耐用年数省令別表第 2 に掲げる区分ごとの用

※ 同一の用途とは，農地を宅地に改造し，住宅を店舗に改造した場合，改造後の用途で判定する。

※ 店舗又は事務所と住宅が併用されている場合は，居住専用又は店舗（事務所）専用の家屋と判定することができる。

⑥ 交換譲渡資産と交換取得資産の時価の差額が，いずれか高いほうの金額の20%以内であること。

⑦ 交換があった年分の確定申告書を提出すること。

3 借地権と底地との交換

交換特例を適用する事例として，借地権者が所有する借地権と地主の所有する底地との交換は多い。地主が借地権者に対し借地権の返還（買取り等）を求めることから始まることが多い。借地権者にとっては，安い地代を支払って建物を利用しているため，高額な金を支払ってまでも底地を取得する必要がないので，借地権者から底地の買取りの申し入れをすることはあまりないと思われる。

地主から借地権の買取りの話があったとしても，生活や事業の場であるため安易に借地権を手放すことはできない。また，借地権の価額と底地の価額の算定が折り合わずトラブルになるケースもある。特に都市部では借地権の価値が土地（底地）の価額を上回ることが多いため売買価額の算定は困難を極める。

この場合でも，それぞれの価額は客観的な交換価値である時価を算出するが，地主と借地権者という特殊な間では客観的な価額の算定は大変困難で，結局，いわゆる力関係で決まることも珍しくない。最終的に借地権と底地とを同一面積で交換するケースも多くある。

事例　借地権と底地の等価交換の事例

Ａは約20年前に200㎡の借地権を取得して居住している。地主Ｂから借地権を返してもらいたいと話があったが，結局Ａは借地権部分100㎡をＢに譲渡し，Ｂの所有する底地100㎡を取得することとなった。交換の時のこの土地の時価は１㎡当たり10万円である。なお，国税庁で公表している路線価によるとこの路線は借地権割合が60％である。この場合所得税法第58条の交換の特例は適用できるか。

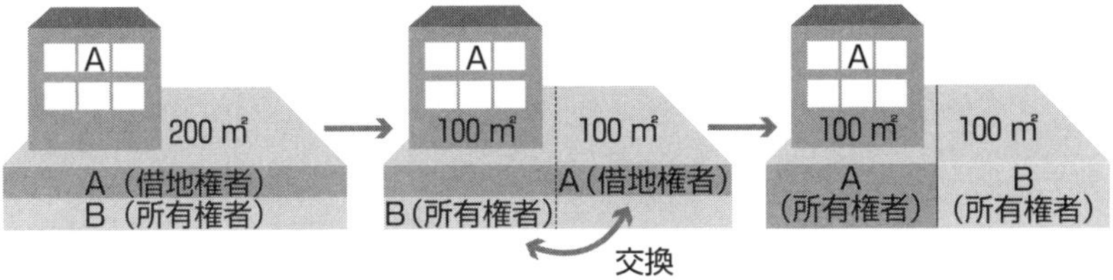

（解説）……………………………………………………………………………………

時価を基に相続税評価に適用される財産評価基準書の借地権割合で計算すると次のとおりである。

１　借地権者Ａの所有する借地権の価額

・所有する借地権の価額

10万円×200㎡×0.6＝1,200万円

・交換対象となる借地権の価額

1,200万円×0.5＝600万円

２　地主Ｂの所有する宅地の価額

・所有する底地の価額

10万円×200㎡×0.4＝800万円

・交換対象となる底地の価額

800万円×0.5＝400万円

Ａから見た場合，交換譲渡資産は借地権である。交換取得資産である底地も宅地であり，交換後，宅地として利用している。また約20年前から借地権を所有していることから，交換特例の適用ができる。ここで問題となるのは，交換譲渡資産である借地権の価額と交換取得資産である底地の価額

が等価であるか否かである。この場合，①Ａ及びＢは他人であるため，相手を利する意識や贈与の意識が働かない，②お互いに借地権と底地とを半々に交換することは等価であると認識している，③参考とした借地権割合は相続税及び贈与税の財産評価に適用するものであり，絶対的な価値判断ではない，等々総合的に勘案してこの交換は等価であると認められる（所基通58－12）。

法令・通達等を確認する

所得税基本通達

（取得資産を譲渡資産の譲渡直前の用途と同一の用途に供したかどうかの判定）

58－６　法第58条第１項に規定する資産を交換した場合において，取得資産を譲渡資産の譲渡直前の用途と同一の用途に供したかどうかは，その資産の種類に応じ，おおむね次に掲げる区分により判定する。

⑴　土地　宅地，田畑，鉱泉地，池沼，山林，牧場又は原野，その他の区分

⑵　建物　居住の用，店舗又は事務所の用，工場の用，倉庫の用，その他の用の区分

（注）店舗又は事務所と住宅とに供用されている家屋は，居住専用又は店舗専用若しくは事務所専用の家屋と認めて差し支えない。

⑶　機械及び装置　その機械及び装置の属する減価償却資産の耐用年数等に関する省令の一部を改正する省令（平成20年財務省令第32号）による改正前の耐用年数省令別表第２に掲げる設備の種類の区分

⑷　船舶　漁船，運送船（貨物船，油そう船，薬品そう船，客船等をいう。），作業船（しゅんせつ船及び砂利採取船を含む。），その他の区分

（譲渡資産の譲渡直前の用途）

58－７　法第58条第１項に規定する譲渡資産の譲渡直前の用途は，例えば，農地を宅地に造成し，又は住宅を店舗に改造するなど当該譲渡資産を他の用途に供するために造成又は改造に着手して他の用途に供することとしている場合には，その造成又は改造後の用途をいう。

なお，例えば，農地を宅地に造成した後，他人が所有する固定資産である宅地と交換したような場合において，その譲渡による所得が33－５により譲渡所得又は事業所得若しくは雑所得として取り扱われるときは，その土地のうち，当該譲渡所得の基因となる部分についてのみ固定資産に該当するものとして同条の規定を適用することができる。（昭56直資３－２，直所３－３改正）

（注）当該事業所得又は雑所得に係る収入金額に相当する金額は，交換差金に該当することとなることに留意する。

（交換資産の時価）
58－12　固定資産の交換があった場合において，交換当事者間において合意されたその資産の価額が交換をするに至った事情等に照らし合理的に算定されていると認められるものであるときは，その合意された価額が通常の取引価額と異なるときであっても，法第58条の規定の適用上，これらの資産の価額は当該当事者間において合意されたところによるものとする。

【第2部】

法人が関係する場合の借地権

法人が関係する場合の借地権の概要

第1章

この章では，法人税における借地権課税の変遷及び借地権課税の基本的な考え方を概説する。

1 借地権課税の変遷（法人税）

1　昭和36年の改正

昭和34年の所得税法の改正により，借地権の設定において特別の経済的利益（金銭の無償又は低利による貸付）を受けるものについては，それを権利金収入とみなして課税するという規定が所得税法に設けられた。

法人税においても，昭和36年の改正において，同旨の規定が設けられた。

2　昭和37年の改正

借地権の設定により土地の更地価額の２分の１を超える権利金を授受した場合には，土地の帳簿価額のうち権利金に対応する部分の金額を損金の額に算入することとされた。

また，土地の使用の対価として相当の地代を授受する場合には，正常な取引とみなして権利金の認定課税を行わないこととなった。

3　昭和38年の通達整備（昭38直審（法）22）

昭和36，37年の法人税法の改正を受け，通達の整備が行われ借地権関係の取扱いの細部が定められた。

これにより，相当の地代は，その土地の更地としての通常の取引価額のおおむね８％程度とされた。

4　昭和55年の通達改正（昭55直法２－15）

借地権取引の全体について一貫した取扱いが整備された。具体的には，土地の更地価額の算定において相続税評価額（財産評価基本通達により計算した金額）を基礎として計算することが認められた。

また，権利金の認定課税を受けないようにするための「土地の無償返還の届出制度」が創設された。

5　平成元年の個別通達の発遣（平元直法２－２）

相当の地代については，土地の更地価額のおおむね年８％程度とされていたが，この通達により年６％とされた。

また，土地の更地価額については，相続税評価額とされていたが，相続税評価額若しくは当該価額の過去３年間の平均額とされ，選択の幅が広がった。

2　法人税法上の借地権

1　定義

法人税法上の借地権は，「建物又は構築物の所有を目的とする地上権又は土地の賃借権」（法令138）と定義されており，借地借家法第２条で定める借地権（「建物の所有を目的とする地上権又は土地の賃借権」）より構築物を含むという意味において広く定義されている。

これは，借地借家法で定める借地権以外の土地の賃貸借にあたり権利金等の授受が行われることを想定し，その授受された権利金等に対し課税することを目的に，広く定義されていると解される。

なお，構築物の所有を目的とする場合も含まれていることから，物品置場，駐車場等として土地を更地として使用する場合や仮営業所，仮店舗等の簡易な建物の敷地として使用する場合なども借地権の設定として扱われることになるが，その使用が通常権利金の授受を伴わないものであるときは，権利金の認定課税は行われないこととなっている（法基通13－１－５）。

2　借地権の設定等の範囲

借地権の設定等については，①借地権の設定により土地を使用させる行為，②地役権の設定により土地を使用させる行為，③借地権の転貸，④他人に借地権に係る土地を使用させる行為，が含まれる（法令137）。

②の地役権には，特別高圧架空電線の架設，特別高圧地中電線若しくはガス事業者が供給する高圧のガスを通ずる導管の敷設，飛行場の設置，懸垂式鉄道若しくは跨座式鉄道の敷設又は砂防設備である導流堤等その他財務省令で定めるこれ

に類するものの設置，公共施設の設置若しくは特定街区内における建築物の建築のために設置されたものなどが含まれる（法令138)。

また，④の他人に借地権に係る土地を使用させる行為には，借地権に係る土地の地下に地下鉄等の構築物の建設をさせるためその土地の地下を使用させる行為又は特別高圧架空電線の架設等をさせるためその土地の上の空間を使用させる行為などが含まれる。

法令・通達等を確認する

法人税基本通達

（通常権利金を授受しない土地の使用）

13－１－５　法人が権利金を収受することなしに他人に土地を使用させた場合において，これにより収受する地代の額が13－１－２に定める相当の地代の額に満たないときにおいても，その土地の使用の目的が単に物品置場，駐車場等として土地を更地のまま使用し，又は仮営業所，仮店舗等の簡易な建物の敷地として使用するものであるなどその土地の使用が通常権利金の授受を伴わないものであると認められるときは，13－１－３にかかわらず，権利金の認定は行わないことに留意する。（昭55年直法２－15「三十一」により改正）

（注）この場合，法人が実際に収受している地代の額がその土地の使用の目的に照らして通常収受すべき地代の額に満たないときは，その満たないことにつき相当の理由があると認められるときを除き，その満たない部分の金額を借地人等に対して贈与したものとする。

3 法人税法と借地権課税

1　基本的な考え方

法人税法第22条第1項においては，「所得金額は，各事業年度の益金の額から損金の額を控除した金額とする」旨が規定されている。

また，第２項において「益金に算入すべき金額は，資産の販売，有償又は無償による資産の譲渡又は，役務の提供，無償による資産の譲受けその他の取引で資本等取引以外のものに係る収益の額」という旨の規定がされていることから，借地権の設定に伴う権利金収入は，「益金」に算入される。

よって，権利金を授受した場合は当然益金の額に算入されるが，借地権の設定に際し権利金を授受する取引慣行のある地域において権利金の授受がない場合には，権利金の認定課税の問題が生じる。

2　権利金の認定課税

法人税法第22条第2項では「無償による資産の譲渡又は役務の提供」を益金ととらえている。通常借地権の設定に際し権利金の授受の取引慣行のある地域において権利金の支払いがないということは，無償による利益の供与にあたることから益金ととらえられ，権利金の認定課税が行われる。

具体的には，法人地主の場合，

(借) 寄附金	×××	(貸) 益金	×××

となり，借地人法人の場合，

(借) 借地権	×××	(貸) 受贈益	×××

となる。

3　相当の地代及び無償返還の届出について

借地権の設定に際し権利金を授受する取引慣行のある地域において権利金の授受がなかった場合には権利金の認定課税が行われるが，「相当の地代」の支払いがある場合には，その取引は正常な取引とされ，権利金の認定課税は行われない（法令137）。

なお，「相当の地代」については，土地の更地価額のおおむね年8％と規定されていたが，平成元年の法人税法の個別通達によって年6％となり現在に至っている（法基通13－1－2）。

また，権利金の授受及び相当の地代の支払いがない場合において，借地権の設定等に係る契約書に将来その土地を無償で返還することが定められており，その旨を記載した「土地の無償返還に関する届出書」を遅滞なく所轄税務署長に提出した場合には権利金の認定課税は行われない。

なお，この「土地の無償返還に関する届出書」を提出した場合には，相当の地代と実際の地代の差額について，地代の認定課税が行われる（法基通13－1－7）。

具体的には，地主法人は地代の差額を受け取ったものとして益金に算入し，その支払いを免除していることから寄附金となり相殺されるが，寄附金の限度額計算の問題は生じる。

また，借地人法人は，地代の差額を支払ったものとして，損金（支払地代）に計上し，支払義務を免除されたことから債務免除益となるが相殺され課税関係は生じない。

法令・通達等を確認する

法人税基本通達

（権利金の認定見合せ）

13－1－7　法人が借地権の設定等により他人に土地を使用させた場合（権利金を収受した場合又は特別の経済的な利益を受けた場合を除く。）において，これにより収受する地代の額が13－1－2に定める相当の地代の額に満たないとき（13－1－5の取扱いの適用があるときを除く。）であっても，その借地権の設定等に係る契約書において将来借地人等がその土地を無償で返還することが定められており，かつ，その旨を借地人等との連名の書面により遅滞なく当該法人の納税地の所轄税務署長（国税局の調査課所管法人にあっては，所轄国税局長。以下13－1－14までにおいて同じ。）に届け出たときは，13－1－3にかかわらず，当該借地権の設定等をした日の属する事業年度以後の各事業年度において，13－1－2に準じて計算した相当の地代の額から実際に収受している地代の額を控除した金額に相当する金額を借地人等に対して贈与したものとして取り扱うものとする。

使用貸借契約により他人に土地を使用させた場合（13－1－5の取扱いの適用がある場合を除く。）についても，同様とする。（昭55年直法2－15「三十一」により追加，平15年課法2－7「四十八」により改正）

（注）

1　本文の取扱いを適用する場合における相当の地代の額は，おおむね3年以下の期間ごとにその見直しを行うものとする。この場合において，13－1－2の（注）1中「借地権の設定等の時」とあるのは「当該事業年度（その事業年度が連結事業年度に該当する場合には，当該連結事業年度）開始の時」と読み替えるものとする。

2　当該法人が連結納税基本通達16－1－7《権利金の認定見合せ》の取扱いによる届出を行っていた場合についても，本通達の適用がある。

第2章

借地人が法人，地主が個人の場合

この章では，借地人が法人，地主が個人の場合における事例及び借地権の設定等を利用した相続税の節税対策を解説する。

I

基本的な考え方

一般的に，資産家（個人）は，未利用地（遊休地）や青空駐車場等の土地を活用するため，同族法人にこれらを賃貸して工場やビル等を建築することにより，効率的な資産運用や相続税対策を行っている。

課税関係を考えるにあたっては，法人は，常に経済的合理性に基づき行動する主体であると捉えられる。そのため，土地の借受けにおいて通常の権利金の支払いがない場合，本来支払うべき権利金の免除という経済的利益を受けていることになることから，原則として，権利金の認定課税が行われることになる。しかし，相当の地代の支払いがある場合や「土地の無償返還に関する届出書」の提出がある場合等，権利金の認定課税が発生しない場合もある。

よって，借地人である法人については，通常の権利金支払いの有無，相当の地代の支払いの有無やその金額の算定方法，及び「土地の無償返還に関する届出書」の提出の有無等，様々な確認すべきポイントが生じることになる。

一方，地主個人については，受け取るべき権利金を受け取っていない場合においても課税上何ら問題は生じない。

II

通常の権利金の支払い

1 通常の権利金を支払った場合

1　課税関係の考え方

地主（個人）においては，借地権の設定に当たり授受する権利金等の額が，その土地の価額（時価）の２分の１相当額を超える場合，その権利金等の額が譲渡所得の収入金額となる。

なお，２分の１以下である場合には，不動産所得の収入金額となる。

一方，借地人（法人）においては，支払った権利金等について，借地権として資産計上することになる。

2　権利金の額が土地の時価の２分の１相当額を超える場合

オーナー経営者が所有している土地に工場を建築し，借地権を設定しようと考えているとする。その借地権の設定に際し権利金を支払う予定であって，路線価図によればその土地の借地権割合は60％となっていることから，自用地価額の60％相当の金額を支払うこととしている場合を検討する。

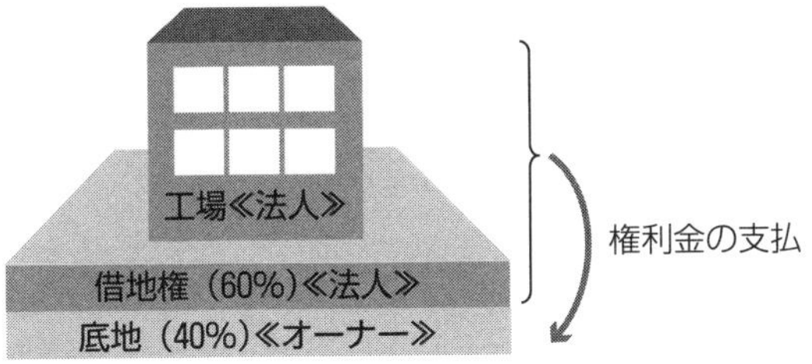

(1)　課税関係の概要

オーナー経営者は，権利金の額によって借地権を譲渡したものとされ，譲渡所得の対象となる。

また，同族法人においては，支払った権利金の額を借地権として帳簿価額（貸借対照表）に計上することになる。

なお，借地権の設定に際し授受される権利金の額は，その土地の更地価額にその地域の借地権割合を乗じて算定されるが，実務上は，その借地権割合を調べることはかなり困難であることから，財産評価基本通達で定める借地権割合（路線価図及び倍率表に記載された借地権割合）を用いて算定することが簡便であり，税務上も認められている。

【権利金の算定】

権利金の額＝土地の更地価額×借地権割合

（通常の取引価額）

(2) オーナー経営者（地主）

① 所得税

建物及び構築物の所有を目的とする地上権若しくは賃借権又は地役権の対価として支払いを受ける権利金の金額がその土地の更地価額の２分の１を超える場合，譲渡所得として課税される。

オーナー経営者が取得する権利金の金額は，自用地価額の60％であることから，譲渡所得として課税される。

なお，この権利金の金額が土地の更地価額の２分の１以下の場合には，不動産所得として課税される（所法33かっこ書き，所令79①・174①，所基通38－４）。

譲渡所得の計算は，権利金の額を譲渡収入金額とし，次の算式によって計算した金額，又は先祖代々所有していたような土地であれば譲渡収入金額の５％を取得費として控除し，譲渡所得金額を計算する。

譲渡収入金額	受け取った権利金の金額
取得費	次の算式によって計算した金額又は譲渡収入金額の５％
譲渡所得金額	譲渡収入金額－取得費

【算式】

$$（土地の取得費＋改良費等の額）\times \frac{権利金の額}{権利金の額＋底地価額}$$

（又は地代の年額×20）

※　その底地としての価額が明らかでなく，かつその借地権等の設定により支払いを受ける地代があるときは，その地代の年額の20倍に相当する金額による（所令174①二）。

② 相続税

オーナー経営者に相続が発生した場合，この土地については貸宅地として評価する。貸宅地の価額は，財産評価基本通達の定めにより評価した自用地の価額から借地権の価額を控除した金額によって評価することになる（評基通25）。

【算式】

貸宅地＝自用地としての価額－（自用地としての価額×借地権割合）

具体的には，路線価地域の場合，その土地の面する路線に付された路線価を基とし，土地の形状等により奥行価格補正，不整形地補正などの画地補正を行い宅地の価額を算定する。

次にその宅地の価額に路線価図に記載された借地権割合（下記≪路線価図における借地権割合一覧≫のとおり）を乗じて借地権の価額を算定し，その価額を宅地の自用地価額から控除した金額によって貸宅地を評価する（倍率地域においては，倍率表に記載されている）。

≪路線価図における借地権割合一覧≫

記　　号	A	B	C	D	E	F	G
借地権割合	90%	80%	70%	60%	50%	40%	30%

(3) 同族法人（借地人）の法人税

オーナー経営者に支払った権利金を借地権として帳簿価額（貸借対照表）に計上する（法基通７－３－８）。

【路線価図の一例】

【倍率表の一例】

市区町村名：八丈島八丈町　　　　　　　　　　　　　　芝税務署

音順	町（丁目）又は大字名	適用地域名	借地権割合	固定資産税評価額に乗ずる倍率等 宅地	田	畑	山林	原野	牧場	池沼
			%	倍	倍	倍	倍	倍	倍	倍
	大賀郷、三根	国立公園の第一種～第三種特別地域及び特別保護地区								
		1　農業振興地域内の農用地区域			純 7.0	純 13				
		2　上記以外の地域	30	1.0	—	純 17	純 43	純 43	—	—
		上記以外の地域								
		1　農業振興地域内の農用地区域								
		⑴　都道、町道沿い			—	純 19				
		⑵　上記以外の地域			—	純 13				
		2　上記以外の地域								
		⑴　都道、町道沿い	30	1.0	—	中 20	中 100	中 100	—	—
		⑵　上記以外の地域	30	1.0	—	純 17	純 43	純 43	—	—
	樫立、中之郷	農業振興地域内の農用地区域			—	純 11				
		上記以外の地域	30	1.0	—	純 17	純 34	純 34	—	—

事例　権利金の額が土地の時価の2分の1相当額を超える場合

前提条件が以下の場合，課税関係はどうなるか。

①	土地の更地価額（通常の取引価額）	1億円
②	相続税評価額	8,000万円
③	通常の権利金の額	6,000万円
④	借地権割合	60%
⑤	土地の取得費	2,000万円

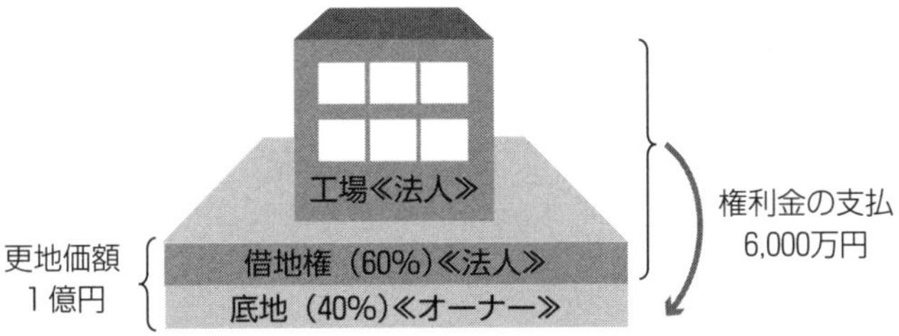

（解説）

⑴　地主：個人の課税関係

土地の更地価額　1億円×$\frac{1}{2}$＝5,000万円

権利金の額　6,000万円　＞　5,000万円　➡　譲渡所得

譲渡収入金額＝6,000万円

取得費＝2,000万円×60%＝1,200万円

譲渡所得金額：6,000万円－1,200万円＝4,800万円

⑵　地主：個人の相続税評価額

貸宅地＝自用地としての価額－（自用地としての価額×借地権割合）

8,000万円－（8,000万円×60%）＝3,200万円

⑶　借地人：法人の課税関係

権利金の額　6,000万円　➡　借地権として貸借対照表に計上

法令・通達等を確認する

所得税法

（譲渡所得）

第33条　譲渡所得とは，資産の譲渡（建物又は構築物の所有を目的とする地上権又は賃借権の設定その他契約により他人に土地を長期間使用させる行為で政令で定めるものを含む。以下この条において同じ。）による所得をいう。

所得税法施行令

（資産の譲渡とみなされる行為）（抄）

第79条　法第33条第１項（譲渡所得）に規定する政令で定める行為は，建物若しくは構築物の所有を目的とする地上権若しくは賃借権（以下この条において「借地権」という。）又は地役権の設定のうち，その対価として支払を受ける金額が次の各号に掲げる場合の区分に応じ当該各号に掲げる金額の10分の５に相当する金額を超えるものとする。

一　当該設定が建物若しくは構築物の全部の所有を目的とする借地権又は地役権の設定である場合　その土地（借地権者にあっては，借地権。次号において同じ）の価額

（借地権の設定をした場合の譲渡所得に係る取得費）

第174条　第79条第１項（資産の譲渡とみなされる行為）に規定する借地権又は地役権（以下この条において「借地権」という。）の設定（借地権に係る土地を他人に使用させる行為を含む。以下この条において同じ。）につき法第33条第１項（譲渡所得）の規定の適用がある場合において，当該設定に係る譲渡所得の金額の計算上控除する取得費は，その借地権等の設定をした土地の取得に要した金額及び改良費の額の合計額に，第１号に掲げる金額が第２号に掲げる金額のうちに占める割合を乗じた金額とする。

一　その借地権等の設定の対価として支払を受ける金額

二　前号に掲げる金額とその借地権等の設定をされている土地（以下この条において「底地」という。）としての価額（当該土地が借地権等の設定の目的である用途にのみ使用される場合において，当該底地としての価額が明らかでなく，かつ，その借地権等の設定により支払を受ける地代があるときは，その地代の年額の20倍に相当する金額）との合計額

所得税基本通達

（借地権等の設定をした場合の譲渡所得に係る取得費）

38－４　借地権等の設定の対価による所得が譲渡所得とされる場合において，令第174条《借地権等の設定をした場合の譲渡所得に係る取得費》の規定により当該譲渡所得に係る収入金額から控除する取得費は，次に掲げる場合の区分に応じ，それぞれ次に掲げるところにより計算した金額となることに留意する。（昭56直資３－２，直所３－３改正）

⑴　その土地について初めて借地権等を設定した場合。

$$\text{その借地権等を設定した土地の取得費（A）} \times \frac{\text{その借地権等の設定の対価として支払を受ける金額（B）}}{\text{B＋その土地の底地としての価額（C）}}$$

⑵　現に借地権等を設定している土地について更に借地権等を設定した場合

$$\left(\text{A}-\text{現に設定されている借地権等につき⑴により計算して取得費とされた金額}\right)\times\frac{\text{B}}{\text{B＋C}}$$

⑶　先に借地権等の設定があった土地で現に借地権等を設定していないものについて借地権等を設定した場合（38－４の２の取扱いが適用される場合を除く。）

$$\text{A}\times\frac{\text{B}}{\text{B+C}}-\text{先に設定した借地権等につき⑴により計算して取得費とされた金額}$$

（注）　この算式により計算した金額が赤字となる場合は，その赤字はゼロとする。

法人税基本通達

（借地権の取得価額）

７－３－８　借地権の取得価額には，土地の賃貸借契約又は転貸借契約（これらの契約の更新及び更改を含む。以下７－３－８において「借地契約」という。）に当たり借地権の対価として土地所有者又は借地権者に支払った金額のほか，次に掲げるような金額を含むものとする。ただし，⑴に掲げる金額が建物等の購入代価のおおむね10%以下の金額であるときは，強いてこれを区分しないで建物等の取得価額に含めることができる。

⑴　土地の上に存する建物等を取得した場合におけるその建物等の購入代価のうち借地権の対価と認められる部分の金額

⑵　賃借した土地の改良のためにした地盛り，地ならし，埋立て等の整地に要した費用の額

⑶　借地契約に当たり支出した手数料その他の費用の額

⑷　建物等を増築するに当たりその土地の所有者等に対して支出した費用の額

2 通常の権利金を支払っていなかった場合

1　課税関係の考え方

地主（個人）においては，個人が借地権の設定に当たり権利金等を収受しない場合は，何ら課税関係は生じない。

一方，借地人（法人）においては，法人が借地人で相当地代の支払がない場合又は無償返還の届出がない場合は，権利金相当額について権利金の認定課税が行われる。

2　権利金の認定課税

(1)　権利金の認定課税の概要

借地権の設定に際し，通常の権利金を授受する取引慣行がある地域において権利金の授受がなかった場合には，原則として授受されるべき権利金相当額をオーナー経営者が同族法人に贈与したものとして権利金の認定課税が行われる。

通常の権利金を授受する取引慣行がある地域において，借地権を設定する場合，法人は経済的合理性に基づき行動する経済人と解されることから，収受するべき又は支払うべき権利金について地主から借地人に対し贈与があったものとして認定課税が行われる（法法22②）。

【権利金の認定課税をする場合の課税関係】

1　地主が個人の場合

(1)　地主：個人，借地人：法人

借地人：法人

← 借地人：法人については，支払うべき権利金についての認定課税（受贈益）

地主：個人については，課税関係は生じない

(2)　地主：個人，借地人：個人

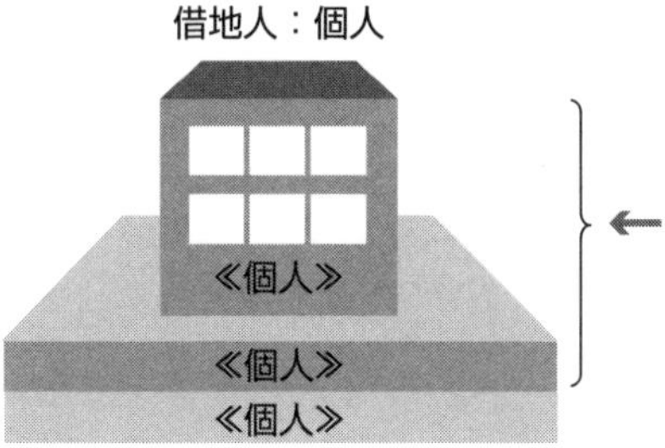

借地人：個人については，支払うべき権利金について贈与税の課税
（使用貸借及び相当の地代の支払いを除く）

地主：個人については，課税関係は生じない

２　地主が法人の場合

(1)　地主：法人，借地人：法人

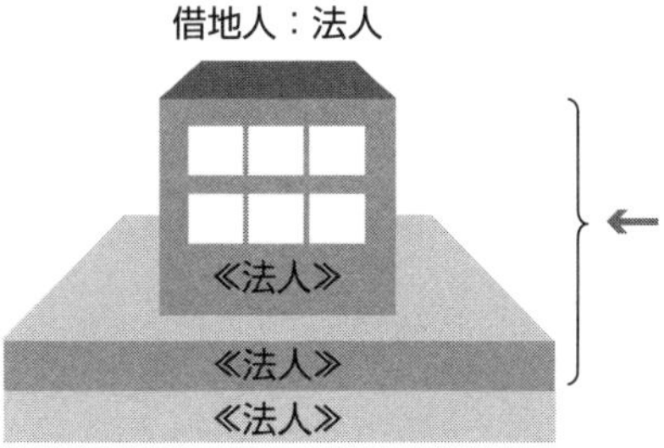

借地人：法人については，支払うべき権利金についての認定課税（受贈益）

地主：法人については，収受するべき権利金相当についての認定課税（益金に算入），同額を寄附金の支出として損金に計上。

　なお，寄附金については，限度額計算が必要になり，一定金額を超える場合，その超えた金額は損金に算入されない（法法37）。

≪仕訳≫

借地人：法人

(借) 借　地　権	×××	(貸) 受　贈　益	×××

地主：法人

(借) 寄　附　金	×××	(貸) 益　　　金	×××
(損金，ただし損金算入限度額計算の規定により超過部分については，損金不算入)		(収受するべき権利金相当額)	

⑵　地主：法人，借地人：個人

イ　借地人：個人（役員又は使用人）

借地人：個人については，支払うべき権利金を法人から贈与されたものとして給与所得課税（所法 28）

地主：法人については，収受するべき権利金についての認定課税（益金)。

借地人が役員の場合には，定期同額給与及び事前確定届出給与に該当しないことから賞与となり，損金の額に算入されない。使用人については，過大給与となる場合には，損金不算入となる。

ロ　借地人：個人（役員又は使用人以外の個人：実務的にはほとんど例がないと思われる）

借地人：個人については，支払うべき権利金を法人から贈与されたものとして一時所得で課税（所法 34）

地主：法人については，収受するべき権利金についての認定課税（益金）

同額を寄附金として損金の額に算入（限度額計算あり）

⑵　権利金の取引慣行の存する地域

借地権の認定課税は，借地権の設定に際し，通常の権利金を授受する取引慣行がある地域において，権利金の授受をせずに借地権を設定した場合に行われることになることから，当該土地が「権利金を授受する取引慣行がある地域」に該当するかどうかが問題になる。

一般的に東京などの大都市においては，「権利金を授受する取引慣行がある地域」に該当すると考えられるが，地方等においては実際に取引慣行があるかどうかは事実認定の問題であり，その地域の取引事例を確認する必要があると思われる。

また，権利金の額や借地権割合については，仮に権利金を授受する取引慣行がある地域に該当することが判明しても，その取引事例を確認することはなかなか困難であることから，実務的には国税庁から公表されている「財産評価基準書（路線価図，倍率表）」に記載されている「借地権割合」を用いることも可能である。

なお，改正される前の旧財産評価基本通達32（平成３年12月改正）においては，国税局長が定めた借地権の価額が自用地としての価額の30％未満の借地権については，課税価格に算入しないとされていたが，改正により「借地権の設定に際しその設定の対価として通常権利金その他の一時金を支払うなど借地権の取引慣行があると認められる地域以外の地域にある借地権の価額は評価しない。」とされた。

しかし，現在の財産評価基準書（路線価図，倍率表）において，30％未満の借地権割合がないことから，実質的には，従来どおり30％未満の地域については，借地権の設定に際し，通常の権利金を授受する取引慣行がある地域には該当しない，つまり認定課税が行われないと考えられる。

⑶　認定すべき権利金の算定

認定される権利金の額は，原則としてその地域においての取引慣行上収受すべき権利金の額になる。

原則的にはその権利金の額をその地域の借地権の売買実例等から算定することになるが，実務的には困難であることから，法人税法上は，次の算式により計算した金額になる（法基通13−１−３）。

【算式】

認定すべき権利金の額＝

$$\underset{\text{(注1)}}{\text{土地の更地価額}}\times\left(1-\frac{\text{実際に収受している地代の年額}}{\text{相当の地代の年額}\ \text{(注2)}}\right)$$

－実際に収受した権利金及び特別の経済的利益

（注１）土地の更地価額は，相続税評価額等ではなく通常の取引価額である。

（注２）算式の相当の地代の年額は，実際に収受している権利金又は特別の経済的利益の額がある場合であっても，土地の更地価額からこれらを控除しない金額の６％である。

この算式により計算した金額が，通常収受すべき権利金の額を超えることとなる場合には，当該権利金の額にとどめる。

なお，権利金の授受がなかった場合であっても，相当の地代を授受している場合や「土地の無償返還に関する届出書」が提出されている場合には，権利金の認定課税は行われない。

法令・通達等を確認する

所得税基本通達

（借地権等の設定及び借地の無償返還）

59－５　法第59条第１項に規定する「譲渡所得の基因となる資産の移転」には，借地権等の設定は含まれないのであるが，借地の返還は，その返還が次に掲げるような理由に基づくものである場合を除き，これに含まれる。

⑴　借地権等の設定に係る契約書において，将来借地を無償で返還することが定められていること。

⑵　当該土地の使用の目的が，単に物品置場，駐車場等として土地を更地のまま使用し，又は仮営業所，仮店舗等の簡易な建物の敷地として使用していたものであること。

⑶　借地上の建物が著しく老朽化したことその他これに類する事由により，借地権が消滅し，又はこれを存続させることが困難であると認められる事情が生じたこと。

３　通常の権利金及び相当の地代の支払いがない場合

オーナー経営者が所有している土地の有効活用を図るため，その土地に工場を建築し，借地権を設定しようと考えているとする。借地権の設定に際し，一般地代を支払うだけで通常の権利金及び相当の地代の支払いは考えていない。この地域の借地権割合は，60％である場合，個人及び法人の課税関係は以下のようになる。

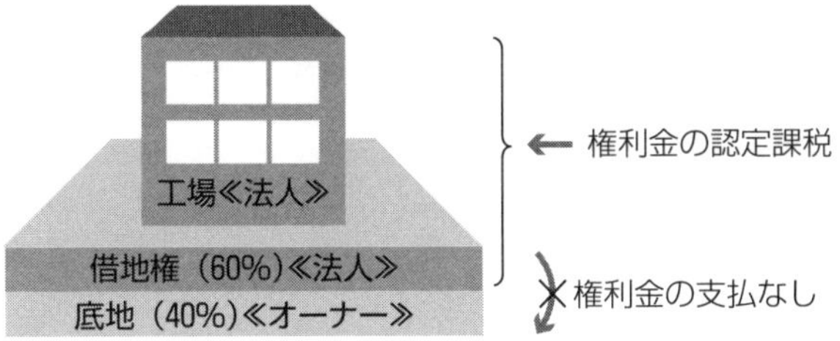

⑴　オーナー経営者（地主）

①　所得税

個人が法人に対し譲渡所得の起因となる資産を贈与又は著しく低い価額で譲渡した場合には，時価で資産の譲渡があったものとみなされる（所法59）。

しかし，借地権等の設定は所得税法第59条（贈与等の場合の譲渡所得等の特例）に規定する「譲渡所得の起因となる資産」には含まれないことから（所基通59－５），みなし譲渡の規定は適用されないので，譲渡所得として課税されることはない。

借地権の設定により授受される権利金が土地の価額の２分の１相当額以下である場合には不動産所得の収入金額とされるが，権利金の授受がない場合には課税関係は生じない。

また，個人地主については，所得税法上に法人税法第22条第２項のような規定がないことから，権利金の認定課税も行われない。

②　相続税

オーナー経営者に相続が発生した場合，この土地については貸宅地として評価する。貸宅地の価額は，財産評価基本通達の定めにより評価した宅地の価額から借地権の価額を控除した金額によって評価する。

⑵　同族法人（借地人）の法人税

借地権の設定に際し，通常権利金を授受する取引慣行がある地域において権利金の授受がなかった場合には，授受されるべき権利金相当額の経済的利益をオーナー経営者が法人に贈与したものとして受贈益が課税される。

仕訳は，以下のようになる。

(借) 借　　地　　権　　　×××　　　(貸) 受　　贈　　益　　　×××

この場合認定される権利金の額は，原則としてその地域においての取引慣行上収受すべき権利金の額になるが，実務的にはその金額を算定することは困難であることから，法人税法上は，次の算式により計算した金額になる（法基通13-1-3）。

$$\text{土地の更地価額} \times \left(1 - \frac{\text{実際に収受している地代の年額}}{\text{相当の地代の年額}} \right)$$

事例　**通常の権利金の支払いはなく，一般地代を支払う場合**

次のような条件で借地権を設定した場合の認定される権利金の額はどのようになるか。

①	土地の更地価額（通常の取引価額）	1億円
②	相続税評価額	8,000万円
③	実際に収受している地代の年額	180万円
④	借地権割合	60%

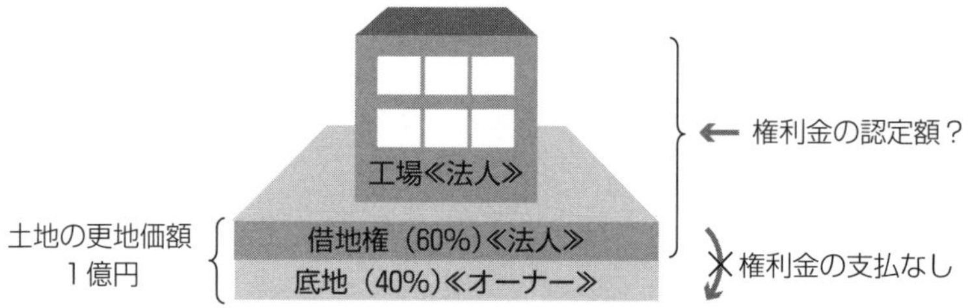

（解説）……………………………………………………………………………………

(1)　相当の地代の計算

相続税評価額8,000万円×６％＝480万円

(2)　実際に収受している地代の年額　　180万円

(3)　計算式

$$\text{更地価額１億円} \times \left\{ 1 - \frac{180\text{万円}}{480\text{万円}} \right\} = 6,250\text{万円}$$

(4)　通常収受されるべき権利金の額

更地価額１億円×60%＝6,000万円

(5)　認定課税される権利金の額

6,250万円　＞　6,000万円

算式により計算した額が，通常収受されるべき権利金の額を超える場合は，通常収受されるべき権利金の額によることになる。

権利金の認定額　➡　6,000万円

法令・通達等を確認する

（裁判例）権利金の認定課税について

（平成２年２月27日東京地方昭和61年（行ウ）134，同旨平成３年２月５日東京高等平成２年（行コ）30）

借地権の設定された土地の評価において，借地権価額を控除するのは，借地法により借地人の地位が厚く保護される結果，経済的には，借地人は相当の価値を有する借地権を取得することになる反面，当該借地の価額はいわゆる底地価額まで下落するといった，地主から借地人に対し当該土地のうち当該借地権部分に相当する経済的価値の移転があったと見るべき経済的実態が存在するからであるが，かかる経済的実態を反映して，借地権を設定する場合には，借地権部分に相当する経済的価値の移転の対価というべき権利金その他の金銭を授受することが広く行われていることは公知の事実であり，したがって，かかる慣行が存在するにもかかわらず，法人が権利金等の授受なくして借地権を取得した場合には，法人税法第22条２項に基づき権利金相当額につき認定課税課税を行うのが原則である。

法人税法

（各事業年度の所得の金額の計算）（抄）

第22条

2　内国法人の各事業年度の所得の計算上当該事業年度の益金の額に算入すべき金額は，別段の定めがある場合を除き，資産の販売，有償又は無償による資産の譲渡又は役務の提供，無償による資産の譲受けその他の取引で資本等取引以外のものに係る当該事業年度の収益の額とする。

旧財産評価基本通達

≪借地権の評価≫

27　借地権の価額は，その借地権の目的となっている宅地の自用地としての価額に，当該価額に対する借地権の売買実例価額，精通者意見価格，地代の額等を基として評定した借地権の価額の割合（以下「借地権割合」という。）がおおむね同一と認められる地域ごとに国税局長の定める割合を乗じて計算した金額によって評価する。

≪課税価格に算入しない借地権等≫

32　次に掲げる借地権等の価額は，相続税又は贈与税の課税価格に算入しない。

(1)　27《借地権の評価》の定めにより評価した借地権の価額が，その借地権の目的となっている宅地の自用地としての価額の100分の30に相当する価額に満たない場合におけるその借地権

(2)　(1)に該当する借地権の目的となっている宅地に係る貸家建付借地権，転貸借地権，転借権及び借家人の有する権利

所得税法

（贈与等の場合の譲渡所得等の特例）

第59条　次に掲げる事由により居住者の有する山林（事業所得の基因となるものを除く。）又は譲渡所得の基因となる資産の移転があった場合には，その者の山林所得の金額，譲渡所得の金額又は雑所得の金額の計算については，その事由が生じた時に，その時における価額に相当する金額により，これらの資産の譲渡があったものとみなす。

一　贈与（法人に対するものに限る。）又は相続（限定承認に係るものに限る。）若しくは遺贈（法人に対するもの及び個人に対する包括遺贈のうち限定承認に係るものに限る。）

二　著しく低い価額の対価として政令で定める額による譲渡（法人に対するものに限る。）

2　居住者が前項に規定する資産を個人に対し同項第 2 号に規定する対価の額により譲渡した場合において，当該対価の額が当該資産の譲渡に係る山林所得の金額，譲渡所得の金額又は雑所得の金額の計算上控除する必要経費又は取得費及び譲渡に要した費用の額の合計額に満たないときは，その不足額は，その山林所得の金額，譲渡所得の金額又は雑所得の金額の計算上，なかったものとみなす。

法人税基本通達

（相当の地代に満たない地代を収受している場合の権利金の認定）

13－１－３　法人が借地権の設定等により他人に土地を使用させた場合において，これにより収受する地代の額が13－１－２に定める相当の地代の額に満たないときは，13－１－７の取扱いによる場合を除き，次の算式により計算した金額から実際に収受している権利金の額及び特別の経済的利益の額を控除した金額を借地人等に対して贈与（当該借地人等が当該法人の役員又は使用人である場合には，給与の支給とする。以下13－１－14までにおいて同じ。）したものとする。

（算式）

$$\text{土地の更地価額}\times\left(1-\frac{\text{実際に収受している地代の年額}}{\text{13－１－２に定める相当の地代の年額}}\right)$$

（注）

１　算式の「13-１-２に定める相当の地代の年額」は，実際に収受している権利金の額又は特別の経済的な利益の額がある場合であっても，これらの金額がないものとして計算した金額による。

２　算式により計算した金額が通常収受すべき権利金の額を超えることとなる場合には，当該権利金の額にとどめる。

3　通常の権利金の一部を支払った場合

1　課税関係の考え方

地主（個人）においては，個人が借地権の設定に当たり収受した権利金等の額がその土地の価額（時価）の２分の１相当額を超える場合，その権利金等の額が譲渡所得の収入金額となる。

なお，２分の１以下である場合には，不動産所得の収入金額となる。

借地人（法人）においては，法人が支払った権利金等は，借地権として資産計上する。

なお，支払った権利金等を差し引いて計算した相当の地代を支払う場合，権利金の認定課税は，行われない。

2　通常の権利金の一部を支払った場合

借地権の設定に際し，資金的な余裕がないことから，通常の権利金を支払うことが困難であるので，その一部の支払いを考えているとする。

権利金の認定課税を受けないようにするには，地代の金額をどのように決めたらいいだろうか。

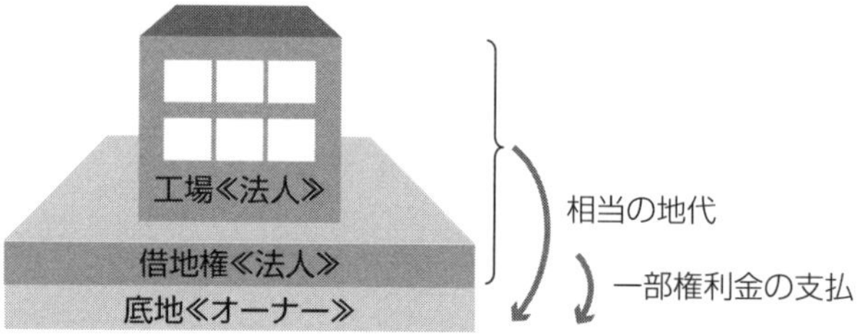

⑴ 課税関係の概要

通常の権利金の一部の支払いがあっても，相当の地代の支払いがなければ，権利金の認定課税が行われる。

しかし，通常の権利金に満たない部分について相当の地代の支払いがあれば権利金の認定課税は行われない。

⑵ オーナー経営者

① 所得税

オーナー経営者が収受した権利金の額が，その土地の価額の２分の１を超えていた場合には，譲渡所得の収入金額とされる（所法33かっこ書き，所令79)。

また，その権利金の額が土地の価額の２分の１以下の場合には，不動産所得として課税される。

② 相続税

相続税については，次によって貸宅地として評価する。

自用地としての価額から次の算式により計算した借地権の価額を控除した金額（相当の地代調整貸宅地価額）で評価する（相当地代通達６（２))。

【算式】

$$\text{自用地としての価額} \times \left\{ \text{借地権割合} \times \left(1 - \frac{\text{実際に支払っている地代の年額} - \text{通常の地代の年額}}{\text{相当の地代の年額} - \text{通常の地代の年額}} \right) \right\}$$

ただし，この相当の地代調整貸宅地価額が自用地としての価額の80％を超える場合には，自用地価額の80％相当額で評価する。

イ　「自用地としての価額」は，相当地代通達１《相当の地代を支払って土地の借り受けがあった場合》の本文に従って財産評価基本通達により算定された自用地価額，いわゆる相続税評価額をいう（過去３年間の平均価額は，相当の地代の額を計算する場合に限り採用される）。ただし実際に支払っている権利金の額又は特別の経済的利益の額がある場合には，通常の取引価額による。

ロ　「借地権割合」は，財産評価基本通達27《借地権の評価》に定める割合をいう。

ハ　「相当の地代の年額」は，実際に支払っている権利金の額又は特別の経済的利益の額がある場合であっても，これらの金額がないものとして計算した金額による。

ニ　「通常の地代の年額」は，相続税評価額から借地権価額を控除した金額（底地価額）の６％相当額で計算される。

⑶　同族法人（借地人）の法人税

借地人の法人については，次の算式により計算した地代を支払うことにより，権利金の認定課税は行われない。

【算式】

相当の地代の額＝（土地の更地価額－収受した権利金等の額）×６％

なお，この場合の「土地の更地価額」は，通常の取引価額をいうが，課税上弊害がない限り公示価格，標準価格又は財産評価基本通達により計算した価額若しくはその過去３年間の平均価額によることもできる（法基通13－１－２）。

ただし，相当地代の額の計算において，通常の取引価額によらなかった場合（たとえば，財産評価基本通達により計算した額）には，上記算式の「収受した権利金等の額」は，次の算式により圧縮された金額となる（これは，一般的に相続税評価額が通常の取引価額より低く設定されていることによる）。

【算式】

収受した権利金等の額＝

$$\text{実際に収受した権利金等の額} \times \frac{\text{相当の地代算定上用いた土地の更地価額}}{\text{当該土地の更地としての通常の取引価額}}$$

なお，権利金の一部を収受した場合は，「土地の無償返還に関する届出書」を提出することはできない（法基通13－１－７かっこ書き）。

事例　**通常の権利金よりも低い金額の権利金を支払った場合**

次のような条件で借地権を設定した場合の相当の地代の額は，どのようになるか。

①	土地の更地価額（通常の取引価額）	１億円
②	相続税評価額（その年）	9,000万円
③	相続税評価額（前年）	8,000万円
④	相続税評価額（前々年）	7,000万円
⑤	実際に収受された権利金の額	2,000万円
⑥	借地権割合	60%

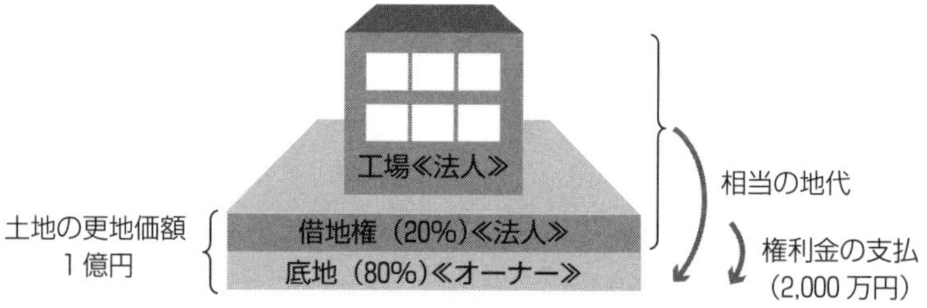

（解説）……………………………………………………………………………………………

⑴　土地の更地価額

土地の更地価額については，課税上弊害がない場合には，相続税評価額の過去３年間の平均額を採用することができる（法基通13－１－２）。

$$(9{,}000\text{万円}+8{,}000\text{万円}+7{,}000\text{万円})\times\frac{1}{3}=8{,}000\text{万円}$$

通常の取引価額１億円 ＞ 相続税評価額の過去３年間の平均額8,000万円

相当の地代の額を抑える場合には，相続税評価額の過去３年間の平均額8,000万円を採用することができる。

⑵　実際に収受した権利金の修正

$$2{,}000\text{万円}\times\frac{8{,}000\text{万円}}{1\text{億円}}=1{,}600\text{万円}$$

⑶　相当の地代の額（年）

（8,000万円－1,600万円）×６％＝384万円

III

相当の地代の支払い

1 通常の権利金の支払いに代え相当の地代を支払っている場合

1 課税関係の考え方

地主（個人）においては，個人が借地権の設定に当たり権利金等を収受しない場合は，何ら課税関係は生じない。

借地人（法人）においては，法人が借地人で相当地代を支払う場合，権利金の認定課税は，行われない。

2 権利金の認定課税と相当の地代

⑴ 権利金の認定課税

借地権の設定に際し，通常権利金を授受する取引慣行がある地域において権利金の授受がなかった場合には，原則授受されるべき権利金相当額の経済的利益をオーナーが法人に贈与したものとして権利金の認定課税が行われる。

しかし，権利金の支払いに代え，その土地の価額に照らし使用の対価として相当の地代を授受しているときは，その土地の使用に係る取引は正常な取引条件でされたものとされる（法令137）。

すなわち，権利金の支払いがない場合であっても，相当の地代を授受していれば，権利金の認定課税は，行われない。

⑵ 相当の地代

借地権の設定に際し，通常権利金を授受する取引慣行がある地域において権利金の授受に代え，相当の地代の授受がある場合には，権利金の認定課税は行われない。

この「相当の地代」は，次の算式によって計算される。

【算式】

$$\text{相当の地代の年額}=\left(\text{土地の更地価額}-\begin{array}{c}\text{収受している}\\\text{権利金等の額}\end{array}\right)\times\begin{array}{c}\text{おおむね}\\\text{年６％}\end{array}$$

相当の地代の地代率については，当初は８％であったが，平成元年３月に発遣された法人税個別通達において，当分の間「年８％」を「年６％」とすることになった。

また，「土地の更地価額」とは，通常の取引価額をいうが，課税上弊害がない場合に限り，①近傍類地の公示価格又は②標準価格から合理的に算定した価額，又は③財産評価基本通達により計算した価額（いわゆる路線価等から計算した相続税評価額）若しくは④当該価額の過去３年間の平均額（平成元年３月に発遣された法人税個別通達において，追加された）によることができる。

すなわち，この①～④のいずれか有利な価額を選択することができる。

なお，相続税及び贈与税における「相当の地代」は，財産評価基本通達により計算した価額の過去３年間の平均額のおおむね６％とされており，法人税法よりも狭く定義づけられている（相当地代通達１「相当の地代を支払って土地を借り受けた場合」）。

3　相当の地代を支払っている場合

オーナーが所有している土地に工場を建築し，借地権を設定しようと考えており，通常の権利金の支払いに代え，相当の地代（相続税評価額の年６％）を支払う予定であるとする。

この場合，オーナー及び法人の課税関係はどのようになるだろうか。

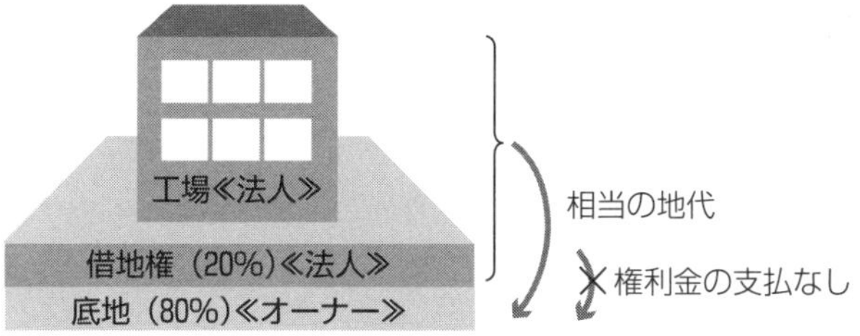

⑴　同族法人（借地人）の法人税

借地人の法人に対しては，権利金の認定課税は行われない。

地代は，底地が生み出す法定果実であるから，底地の価額が大きくなるほど地代は高くなり，借地権価額は小さくなる。

底地の価額が更地価額と等しくなるときの地代が「相当の地代」になるので，相当の地代の授受がある場合には，借地権の価額はゼロになる。

つまり，借地権の価額はゼロなので，権利金の認定課税は，行われない。

しかし，オーナー経営者の相続税を計算する場合，オーナー経営者の同族関係者となる同族法人の株式評価に際し，20％の借地権を純資産価額に算入する必要がある（「相当の地代を収受している貸宅地の評価について」，昭和43年10月28日付直資３－22長官通達)。

この場合，借地権が法人の貸借対照表に計上されていないことから，計上もれになるケースがあるので，相続税等における同族法人の株式を評価する場合には，注意が必要である。

貸借対照表上に「建物」が計上されているにもかかわらず土地及び借地権等の計上がない場合，建物の敷地の使用関係を確認することにより計上もれを防ぐことができる。

建物は空中に浮いているわけではなく，必ず土地の上に定着しているので，権利関係の確認が重要である。

⑵　オーナー経営者（地主）

①　所得税

オーナー経営者については，収入すべき相当の地代の額を不動産所得の収入金額に算入する。

②　相続税

相続税における相当の地代は，次の算式によって計算する。

【算式】

相当の地代の年額＝自用地としての価額×おおむね年６％

なお，「自用地としての価額」は，財産評価基本通達により計算した価額の過去３年間の平均額によるものとされているので，法人税法による相当の地代よりも狭く解されている。

借地権の設定に際して権利金の授受がなく，相当の地代の授受がある場合の貸宅地の価額は，自用地としての価額からその価額の20％に相当する金額（借地権の価額）を控除した金額により評価する（相当地代通達６）。

なお，借地権の価額（20％相当分）は，借地権者が土地所有者（被相続人）の同族会社となっている場合には，同社の株式評価上，同社の純資産価額に算入する（「相当の地代を収受している貸宅地の評価について」昭和43年10月28日付直資３-22長官通達）。

相当の地代を支払っている場合の借地権の価額は零とされるので，本来ならば，貸宅地の評価は自用地となるが，現実には建物等が建っており，利用の制約を受けること等を勘案し，借地権の設定に際し権利金授受の取引慣行のない地区においても20％の借地権を控除していることとの権衡上，借地権割合を20％とすることになった。

また，借地権者が土地所有者（被相続人）の同族会社となっている場合には，土地の評価額が土地所有者（被相続人）80％と借地権者（同族会社）20％を通じて100％顕現することになる。

事例　**相当の地代を支払っている場合**

次のような条件で借地権を設定した場合の相当の地代の額は，どのようになるか。

①	土地の更地価額（通常の取引価額）	１億円
②	相続税評価額（その年）	9,000万円
③	相続税評価額（前年）	8,000万円
④	相続税評価額（前々年）	7,000万円
⑤	借地権割合	60％

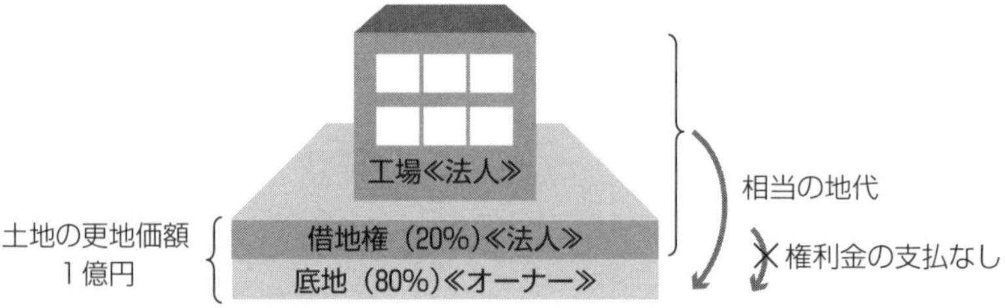

（解説）……………………………………………………………………………………………………

⑴　土地の更地価額

土地の更地価額については，課税上弊害がない場合には，相続税評価額の過去３年間の平均額を採用することができる（法基通13－１－２）。

$$(9{,}000\text{万円}+8{,}000\text{万円}+7{,}000\text{万円})\times\frac{1}{3}=8{,}000\text{万円}$$

通常の取引価額１億円 ＞ 相続税評価額の過去３年間の平均額8,000万円

相当の地代の額を抑える場合には，相続税評価額の過去３年間の平均額8,000万円を採用することができる。

⑵　相当の地代の額（年）

8,000万円×６％＝480万円

法令・通達等を確認する

法人税法施行令

（土地の使用に伴う対価についての所得の計算）

第137条　借地権（地上権又は土地の賃借権をいう。以下この条において同じ。）若しくは地役権の設定により土地を使用させ，又は借地権の転貸その他他人に借地権に係る土地を使用させる行為をした内国法人については，その使用の対価として通常権利金その他の一時金（以下この条において「権利金」という。）を収受する取引上の慣行がある場合においても，当該権利金の収受に代え，当該土地（借地権者にあっては，借地権。以下この条において同じ。）の価額（通常収受すべき権利金に満たない金額を権利金として収受している場合には，当該土地の価額からその収受した金額を控除した金額）に照らし当該使用の対価として相当の地代を収受しているときは，当該土地の使用に係る取引は正常な取引条件でされたものとして，その内国法人の各事業年度の所得の金額を計算するものとする。

法人税の借地権課税における相当の地代の取扱いについて（平元．３.30直法２－２）

　法人税基本通達13－１－２≪使用の対価としての相当の地代≫に定める「年８％」は「年６％」と，「昭和39年４月25日付直資56・直審（資）17『財産評価基本通達』第２章（(土地及び土地の上に存する権利)）の例により計算した価額」は「昭和39年４月25日付直資56・直審（資）17『財産評価基本通達』第２章《土地及び土地の上に存する権利》の例により計算した価額若しくは当該価額の過去３年間における平均額」とする。

（注）「過去３年間」とは，借地権を設定し，又は地代を改訂する年以前３年間をいう。

法人税基本通達

（使用の対価としての相当の地代）

13－１－２　法人が借地権の設定等（借地権又は地役権の設定により土地を使用させ，又は借地権の転貸その他他人に借地権に係る土地を使用させる行為をいう。以下この章において同じ。）により他人に土地を使用させた場合において，これにより収受する地代の額が当該土地の更地価額（権利金を収受しているとき又は特別の経済的な利益の額があるときは，これらの金額を控除した金額）に対しておおむね年８％程度のものであるときは，その地代は令第137条≪土地の使用に伴う対価についての所得の計算≫に規定する相当の地代に該当するものとする。

（注）

１　「土地の更地価額」は，その借地権の設定等の時における当該土地の更地としての通常の取引価額をいうのであるが，この取扱いの適用上は，課税上弊害がない限り，当該土地につきその近傍類地の公示価格等（地価公示法第８条≪不動産鑑定士の土地についての鑑定評価の準則≫に規定する公示価格又は国土利用計画法施行令第９条第１項≪基準地の標準価格≫に規定する標準価格をいう。）から合理的に算定した価額又は昭和39年４月25日付直資56直審（資）17「財産評価基本通達」第２章≪土地及び土地の上に存する権利≫の例により計算した価額によることができるものとする。この場合において，本文の括弧書により土地の更地価額から控除すべき金額があるときは，当該金額は，次の算式により計算した金額によるものとする。

（土地の更地価額から控除すべき金額があるときの算式）

$$\text{その権利金又は特別の経済的な利益の額} \times \frac{\text{当該算定し，又は計算した価額}}{\text{当該土地の更地としての通常の取引価額}}$$

２　借地権の転貸の場合には，「土地の更地価額」とあるのは「借地権の価額」と，「当該土地の更地としての通常の取引価額」と，それぞれ読み替えるものとする。

相当の地代を支払っている場合等の借地権等についての相続税及び贈与税の取扱いについて

（相当の地代を収受している場合の貸宅地の評価）（抄）

６　借地権が設定されている土地について，相当の地代を収受している場合の当該土地に係る貸宅地の価額は，次によって評価する。

⑴　権利金を収受していない場合又は特別の経済的利益を受けていない場合　当該土地の自用地としての価額の100分の80に相当する金額

⑵　⑴以外の場合

当該土地の自用地としての価額から3≪相当の地代を支払っている場合の借地権の評価≫の⑵による借地権の価額を控除した金額（以下この項において「相当の地代調整貸宅地価額」という。）

ただし，その金額が当該土地の自用地としての価額の100分の80に相当する金額を超えるときは，当該土地の自用地としての価額の100分の80に相当する金額

（注）上記⑴及び⑵のただし書に該当する場合において，被相続人が同族関係者となっている同族会社に対し土地を貸し付けている場合においては，昭和43年10月28日付直資3－22ほか2課共同「相当の地代を収受している貸宅地の評価について」通達（以下「43年直資3－22通達」という。）の適用があることに留意する。

IV

土地の無償返還の届出

1　通常の権利金を支払わず，土地の無償返還の届出が提出されている場合

1　課税関係の考え方

地主（個人）については，何ら課税関係は生じない。

借地人（法人）においては，法人が実際に支払っている地代と相当の地代の差額について，地主が借地人に贈与したものとして地代の認定課税が生じる。

2　地代の認定課税

借地権の設定に際し権利金等の授受の取引慣行のある地域において，権利金等又は相当の地代のいずれも支払いがない場合には，権利金の認定課税が行われる。

しかし，その借地権の設定に係る契約書に将来借地人等がその土地を無償で返還することが定められており，かつ，その旨を地主と借地人との連名により，遅滞なく当該法人の所轄税務署長又は国税局長に届け出たときは，権利金の認定課税は行われず，実際の地代と相当の地代の差額について地主から借地人に対し地代の贈与があったとして認定課税が行われる。

なお，権利金を収受した場合や特別の経済的利益を受けた場合には，この「土地の無償返還に関する届出書」は，提出できない（法基通13－1－7かっこ書き）。

3　権利金の認定課税を避ける方策

(1)　無償返還の届出書

権利金等又は相当の地代のいずれも支払いがない場合には，権利金の認定課税が行われる。

しかし，権利金等を授受しない代わりに「土地の無償返還に関する届出書」を

地主と借地人の連名で遅滞なく所轄税務署長に提出することにより，権利金の認定課税は行われない。

この制度は，権利金の認定課税に代えて相当の地代の認定課税をすることによって，常に相当の地代が授受されていることになり，借地権の価額がゼロになることで，土地の無償返還を可能にする制度である。

⑵ 「遅滞なく」とは

この「土地の無償返還に関する届出書」の提出期限は，いつなのかという問題がある。

法人税基本通達においては,「遅滞なく」と規定されているが, この「遅滞なく」とは，一般的には法人が契約を締結した日の属する事業年度の申告期限と考えられる。

しかし，この「土地の無償返還に関する届出書」は，同族関係者等の間で締結された借地契約の内容を明確にし，将来の税務上のトラブルを避けるために確認的な意味合いで提出されるという側面もあることから，提出が遅れたからといって直ちに否認されるというものではない。

つまり，土地の賃貸借契約書において，将来その土地を無償で返還する旨が明確に記載されていれば，その内容が優先され「土地の無償返還に関する届出書」の提出が遅れたとしても，たとえば税務調査において指摘を受けた後に提出したとしても事情によっては認められるケースもあると考えられる。

また，オーナー経営者が死亡して相続が開始し，会社との土地の賃貸借の状況を整理したところ，「土地の無償返還に関する届出書」が提出されていなかったような場合においても, 土地を無償で返還する契約になっていればその時点で「土地の無償返還に関する届出書」を提出すれば，認められるケースもあると考えられる。

土地の無償返還に関する届出書

※整理事項	1 土地所有者 2 借地人等	整理簿	
		番　号	
		確　認	

受付印

平成　　年　　月　　日

国税局長
税務署長　殿

土地所有者＿＿＿＿＿は、（借地権の設定等／使用貸借契約）により下記の土地を平成＿＿年＿＿月＿＿日から＿＿＿＿＿に使用させることとしましたが、その契約に基づき将来借地人等から無償で土地の返還を受けることになっていますので、その旨を届け出ます。

なお、下記の土地の所有又は使用に関する権利等に変動が生じた場合には、速やかにその旨を届け出ることとします。

記

土地の表示

所　在　地＿＿＿＿＿＿＿＿＿＿＿＿＿＿＿

地目及び面積＿＿＿＿＿＿＿＿＿　＿＿＿＿＿㎡

	（土地所有者）	（借地人等）
住所又は所在地	〒 電話（　　）　－	〒 電話（　　）　－
氏名又は名称	㊞	㊞
代表者氏名	㊞	㊞

	（土地所有者が連結申告法人の場合）	（借地人等が連結申告法人の場合）
連結親法人の納税地	〒 電話（　　）　－	〒 電話（　　）　－
連結親法人名等		
連結親法人等の代表者氏名		

借地人等と土地所有者との関係	借地人等又はその連結親法人の所轄税務署又は所轄国税局

20. 06改正

（契約の概要等）

1　契約の種類

2　土地の使用目的

3　契約期間　平成　　年　　月　～　平成　　年　　月

4　建物等の状況

(1)　種　　類

(2)　構造及び用途

(3)　建築面積等

5　土地の価額等

(1)　土地の価額　　　円　（財産評価額　　　円）

(2)　地代の年額　　　円

6　特約事項

7　土地の形状及び使用状況等を示す略図

8　添付書類　(1)　契約書の写し　(2)

（法１３３７－１）

4　土地の無償返還の届出が提出されている場合

オーナー経営者が法人に土地を貸し，営業所を建築したとする。

その土地は，かなり路線価の高い地域にあることから権利金も相当の地代も高額になってしまい，とても支払うことができない。

そこで地主との土地の賃貸借契約書において将来その土地を無償で返還することを定め，地主と連名で無償返還の届出書を所轄税務署に提出し，地代については，一般地代を支払っている。

この場合，個人及び法人の課税関係はどのようになるだろうか。

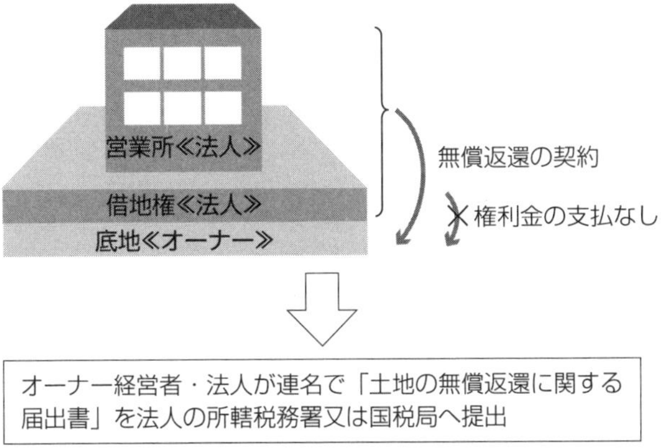

(1)　同族法人（借地人）の法人税

借地人の法人は，実際の地代と相当の地代の差額について地主から贈与を受けたとして地代の認定課税を受けることになる。

しかし，法人は，地代の差額について支払地代として損金に計上していないので，結果としてその分所得金額が多くなっていることから新たな課税関係は発生しない。

言い換えれば，地代の支払債務を免除されたことになり，支払地代の認定損との相殺により，課税関係は生じないことになる。

仕訳は，以下のようになる。

(借) 支払地代	×××	(貸) 未払金	×××
(損金)	×××	(債務)	×××

(借) 未払金	×××	(貸) 債務免除益	×××
(債務)	×××	(益金)	×××

つまり，実際の地代と相当の地代の差額について認定課税を受けるということは，常に相当の地代を支払っているものとして取り扱われることになり，権利金の認定課税の問題は生じない。

⑵ オーナー経営者

① 所得税

オーナー経営者については，契約上定められた収受すべき地代の額が不動産所得の対象になる。

法人については，実際の地代と相当の地代との差額について認定課税が行われるが，個人については実際の収入を得ていないのでその差額についての課税の問題は生じない。

② 相続税

借地権の設定されている土地（貸宅地）の評価額は，自用地としての価額から借地権の価額を控除した価額（財基通25）であるが，借地権の設定に際し，「土地の無償返還に関する届出書」が提出されている場合の借地権の価額は，零として取り扱われることから，自用地の価額とすべきとも考えられる。

> 貸宅地＝自用地の価額－借地権の価額（ゼロ）
> 貸宅地＝自用地の価額

しかし，現実に建物等が建築されている以上，その土地所有者が自由にその土地を使用収益することはできないのが実情であり，借地権が設定されていない土地に比べ相当の制約を受けることから20％相当の借地権を控除して評価する（相当地代通達８）。

この割合を20％としたのは，借地権の取引慣行がない地域における貸宅地の評価について，自用地の80％相当額で評価すると規定されている（財基通25(1)）こととのバランスを踏まえたことによる。「土地の無償返還に関する届出書」が提出されている場合の貸宅地の評価についても，自用地価額の80％で評価することになった。

また，被相続人が同族関係者になっている同族会社の株式を評価する場合には，自用地価額の20％を借地権の価額としてその会社の純資産価額に加算する必要がある（「相当の地代を収受している貸宅地の評価について」昭和43年10月28日付直資３－22長官通達）。ただし，この20％は法人に20％の借地権が生じたわけではなく，相続税及び贈与税の評価上借地権の価額として加算しているだけである。

なお，土地の使用関係が使用貸借契約（地代の支払いがないか又は固定資産税相当の地代の支払いのみがある場合）であり，その土地について「土地の無償返還に関する届出書」が提出されている場合の貸宅地の価額は，自用地としての価額になる。

原則として，使用貸借契約の当事者の一方が法人の場合には，使用貸借ではなく，賃貸借契約を締結し（使用貸借契約を賃貸借契約に引き直し）権利金及び地代を免除したものとされていたが，事実上使用貸借を認める方策として昭和55年の法人税基本通達の改正により「無償返還の届出制度」が創設された。

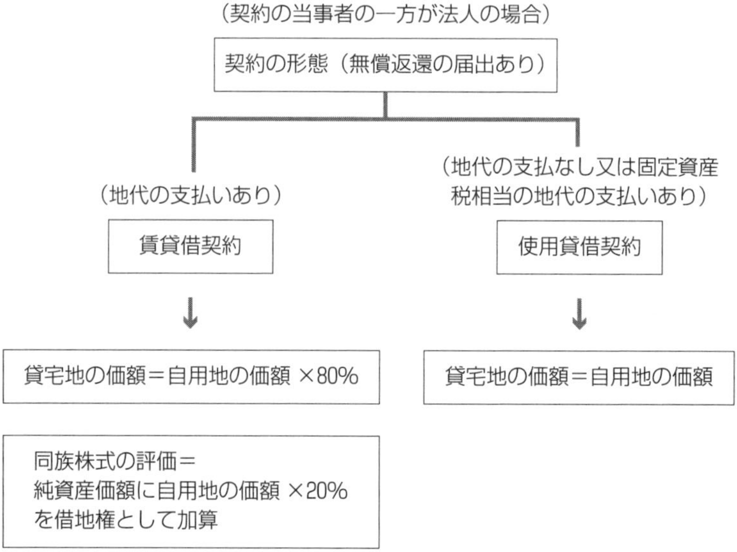

※　使用貸借契約の場合には，貸宅地の価額＝自用地の価額となることから，同族株式の評価において純資産価額に加算される借地権はない。

法令・通達等を確認する

裁判例（被相続人が学校法人に土地を使用貸借で貸付け，土地の無償返還の届出がない場合の土地の評価（借地権の有無）について争われた事例）

（2006年（平成18年）１月24日　大阪高裁判決）

○　事案の概要

本件は，控訴人らが，相続財産の一部である土地について，自用地としての評価をして相続税の申告をした後，貸地としての評価をすべきであったとして，評価の誤りを理由とする更正の請求をしたところ，○○税務署長が更正すべき理由がない旨の通知処分をした。しかし，これを不服として，相続開始当時，本件土地には学校法人Ｂ他を使用借人とする使用借権がそれぞれ設定されていたから，両土地を相続財産として評価する際には，昭和48年11月１日付直資２－189（例規）「使用貸借に係る土地についての相続税及び贈与税の取扱いについて」通達（以下「使用貸借通達」という。）の冒頭部分により，法人税の取扱いに準拠することとなるところ，法人税基本通達は，通常権利金の授受を伴うような土地の使用貸借については，借地権の存在を前提として課税関係を定めることとしているから，借地権割合60%を控除すべきである旨主張した事案である。

○　裁判所の判断

相続税法によれば，相続税は，相続又は遺贈により取得した財産の価額の合計額を課税価格とし（相続税法11条の２），その財産の価額は，当該財産の取得の時における時価によることとされている（同法22条）。

（中略）

ここにいう「時価」とは，当該財産の客観的な交換価値，すなわち不特定多数の独立した当事者間の自由な取引において通常成立すると認められる価額であると解される。

（中略）

使用借権の評価については，使用借権が賃借権と異なり，法律上の保護が薄弱で，使用借人の死亡によってその効力を失い，独立の取引の対象とされない権利であること，建物の所有を目的とする使用借権であったとしても，借地借家法等により手厚く保護される借地権に比べてその基盤も脆弱であることから，その財産価値は零とみるのが相当である。したがって，使用借権の目的となっている土地の価額はかかる権利による制限のない自用地として評価すべきである。

（中略）

さらに，控訴人らは，両学園及び控訴人らは税務署長に対して土地の無償返還届出を行っておらず，通達13－１－７（法人税基本通達：筆者注）が規定する例外に当たらないから，本件両土地は借地権の負担があるものとして取り扱われるべきである旨も主張するところ，本件各契約の当事者が税務署長に対して本件両土地の無償返還届出を行ったとは認められないことは，控訴人の主張するとおりである。

しかしながら，前記のとおり，元々，本件各契約については，使用貸借通達の冒頭部分がそのまま適用されるものではないこと，相続税法22条の解釈上，使用借権の財産価値は原則として零とみるべきであることに照らすと，契約終了時に無償で土地を返還することが契約書等から明らかであって，純然たる使用貸借の実質を有する本件各契約について，形式的に同届出がされていないことのみを理由として，税務上借地権の負担があるものとして取り扱うことは，相当ではないというべきである。

（TAINS　Z256-10277）

このように，「平成18年大阪高裁判決」は，純然たる使用貸借の実質を有する本件各契約については，使用貸借契約と認定し，形式的に無償返還の届出書の提出がないことのみをもって原則的取扱（法人税基本通達13-１－３権利金の認定）がなされ，借地権が設定されていたとすることを否定した。

本来，課税関係において重要なのは，土地の貸借関係が賃貸借なのか使用貸借なのかの事実認定であり，その実質的な内容によって判断されるべきものであり，通達で定められた形式的な書類の提出の有無のみによって課税関係が左右されるものではないと判示したものであると考える。

なお，この「平成18年大阪高裁判決」は，借地人が学校法人（公益法人）であり「本件両土地で収益事業を営んでおらず，権利金相当額の受贈益課税の問題はもともと発生しないので，上記通達がそのまま適用されることはない」とも判示していることから，株式会社等の場合には当てはまらないという考え方もあると思われる。

5　借地に賃貸用マンションを建築した場合

オーナー経営者から土地を借り受け，その上に賃貸用マンションを建築する予定であるとする。権利金については支払う予定はないが，土地の賃貸借契約書において，将来その土地を無償で返還する旨を定め，「土地の無償返還に関する届出書」を税務署に提出する予定である。

この場合，①地代の金額はいくらにすればいいのか，②オーナー経営者に相続が発生した場合，株式の評価をするに当たり借地権をどのように計算するのか。

なお，土地の更地価額は，5,000万円とする。

⑴　地代の金額

前述のとおり，「土地の無償返還に関する届出書」を提出する場合の考え方は，「相当地代と実際の地代の差額について，地代の認定課税が行われている」，つまり，常に相当地代を支払っている状態にある（差額分については支払地代と債務免除益が相殺され実際の課税関係は生じない）と考えていることから，実際の地代の金額は，当事者間においていくらに設定しても問題はない。

（相続税における株式の評価上は，地代の金額に関わらず借地権は更地価額の20％で評価することになる。この20％部分はあくまで相続税の評価上の問題であり，20％の借地権が法人に帰属するものではない。）

地代の金額は固定資産税の３倍が適正であるというような話もあるが，適正な地代の金額については，法令上何の規定もないし，３倍にしないと20％の借地権が発生しないということでもない。

⑵　借地権の評価

前述のとおり借地権は更地価額の20％で評価することになるが，この場合は，賃貸用マンションが建築され賃貸に出されることになることから，借家権を考慮して，貸家建付借地権として評価する。

貸家建付借地権の評価（財基通28）は，以下のようになる。

借地権の価額－借地権の価額×借家権割合×賃貸割合

5,000万円×20％＝1,000万円（借地権の評価額）

（貸家建付借地権の評価額）

1,000万円－1,000万円×30％×100％＝700万円（賃貸割合100％の場合）

法令・通達等を確認する

相当の地代を支払っている場合等の借地権等についての相続税及び贈与税の取扱いについて

（「土地の無償返還に関する届出書」が提出されている場合の貸宅地の評価）

8　借地権が設定されている土地について，無償返還届出書が提出されている場合の当該土地に係る貸宅地の価額は，当該土地の自用地としての価額の100分の80に相当する価額によって評価する。

なお，被相続人が同族関係者となっている同族会社に対し土地を貸し付けている場合には，43年直資３－22通達の適用があることに留意する。この場合において，同通達中「相当の地代を収受している」とあるのは「土地の無償返還に関する届出書」の提出されている」と読み替えるものとする。

（注）使用貸借に係る土地について無償返還届出書が提出されている場合の当該土地に係る貸宅地の価額は，当該土地の自用地としての価額によって評価するのであるから留意する。

財産評価基本通達

（貸家建付借地権等の評価）

28　貸家の敷地の用に供されている借地権の価額又は定期借地権等の価額は，次の算式により計算した価額によって評価する。

27《借地権の評価》若しくは前項の定めにより評価したその借地権の価額又は27－２《定期借地権等の評価》若しくは前項の定めにより評価したその定期借地権等の価額（A）	－A×	94《借家権の評価》に定める借家権割合	×	26《貸家建付地の評価》の(2)の定めによるその家屋に係る賃貸割合

V
節税対策

1　借地権の設定等を利用した節税対策

オーナー経営者が将来の相続税のことをたいへん心配しているとして，オーナー経営者が所有する土地等を利用した相続税の節税方法はあるのだろうか。

1　権利金の認定課税

借地権の設定に際し，権利金等の授受の取引慣行のある地域において，通常の権利金の授受，相当の地代の支払い及び無償返還の届出も行わない場合，借地人法人に対して権利金の認定課税が行われ，受贈益について法人税が課税される。

2　同族法人（借地人）の法人税

原則，借地人の法人については，受贈益に法人税が課税されるが，法人に繰越欠損金があり，その金額が受贈益を上回っていれば法人税は課税されない。

受贈益　＜　繰越欠損金　⇒　法人税の課税なし

なお，借地人の法人が受贈益を計上したことにより株式の評価額が上昇した場合には，オーナー経営者から他の株主への贈与があったものとみなされ贈与税の対象となる（相法９）。

3　オーナー経営者（地主）の所得税

オーナー経営者については，権利金を受け取っていないので，所得税の課税はない。

譲渡所得の基因となる資産の移転には，借地権の設定は含まれないことから譲渡所得には該当しない（所基通59－５）。

４　結論

オーナー経営者が「土地」を無償で法人に贈与した場合には，法人においては受贈益が計上され法人税が課税されるが，オーナー経営者については，みなし譲渡となり土地を法人に時価で譲渡したものとみなされ譲渡所得が課税される（所法59）。

しかし，「借地権の設定」は，譲渡所得に該当しないことから，オーナーの所得税の観点からみれば，譲渡所得の課税を受けずに借地権という資産を法人に移転することができる。

事例　通常の権利金及び相当の地代の支払いなく借地権を設定した場合

以下の場合の課税関係は，どのようになるか。

①　土地の更地価額（通常の取引価額）　　3,000万円
②　権利金の支払なし，相当の地代の支払なし
　　土地の無償返還の届出なし
③　法人の繰越欠損金の額　　2,500万円
④　借地権割合　　60%

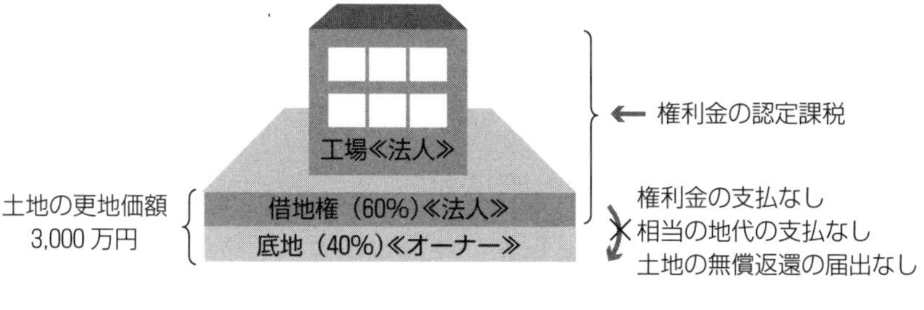

(解説)……………………………………………………………………………………

(1)　借地人の法人税

　権利金の認定課税

　3,000万円×60%＝1,800万円

　　繰越欠損金　2,500万円　＞　受贈益　1,800万円　となり，課税なし。

(3)　オーナー経営者の所得税

　借地権の設定は，譲渡所得に該当しない。

(4)　節税効果

　イ　借地権が，法人に移転したが，法人税の課税なし

　　（課税なし）

　ロ　オーナー経営者の譲渡所得課税なし

　ハ　オーナー経営者の相続財産が借地権相当分減少

法令・通達等を確認する

相続税法

第９条　第５条から前条まで及び次節に規定する場合を除くほか，対価を支払わないで，又は著しく低い価額の対価で利益を受けた場合においては，当該利益を受けた時において，当該利益を受けた者が，当該利益を受けた時における当該利益の価額に相当する金額（対価の支払があつた場合には，その価額を控除した金額）を当該利益を受けさせた者から贈与（当該行為が遺言によりなされた場合には，遺贈）により取得したものとみなす。ただし，当該行為が，当該利益を受ける者が資力を喪失して債務を弁済することが困難である場合において，その者の扶養義務者から当該債務の弁済に充てるためになされたものであるときは，その贈与又は遺贈により取得したものとみなされた金額のうちその債務を弁済することが困難である部分の金額については，この限りでない。

2 賃貸物件及び法人を活用した節税対策

オーナー経営者は，不動産貸付業を営んでおり，相当の不動産や金融資産を保有しているので，将来の相続税のことをたいへん心配している。

オーナー経営者が所有する不動産を利用した相続税の節税方法があるか。

1　更地の活用

オーナー経営者が所有している更地（未利用地）がある場合には，その土地の上に賃貸物件（アパート等）を建築し賃貸する。

更地の場合，自用地として100％で評価されるが，賃貸物件を建築し賃貸することによりその土地は貸家建付地として評価することになる（自用地の価額から借地権割合×借家権割合を控除する)。例えば借地権割合60％の地域では，60％×30％＝18％の減額となる。

建物については，建築価額ではなく固定資産税の評価額により評価することになるのでかなりの減額となる。また，賃貸物件については，70％評価になることから，さらに30％減額となる。

2　法人の活用

オーナー経営者が所有しているアパート等の賃貸物件がある場合には，その建物を法人に売却し，土地の無償返還の届出書を提出する（地代については，通常の地代の支払いを行う)。

これにより，オーナー経営者が所有している土地の評価額が自用地の価額の80％評価となり20％の減額になる。

なお，オーナー経営者が保有している株式の評価に際しては，当該土地の評価額の20％相当を純資産価額に加算することになるため，相続人らを株主とする法人（オーナー経営者は株主ではない）を設立しその法人がこの取引を行えば，当該土地の評価額の20％相当はオーナー経営者の相続税には何ら影響することはない。

オーナー経営者の所得税については，建物の未償却残高を譲渡価額とした場合，譲渡益（値上り益）は算出されないので，譲渡所得は課税されない。

相続人らを株主及び役員とした法人を設立し，給与を支給することによりオーナー経営者の不動産収入を相続人らに移行することができる。

事例　更地に賃貸用建物を建築し，賃貸した場合

次のような条件で建物を法人に売却した場合の節税効果は，どのようになるか。

① 土地の相続税評価額　1億円

② 建物の譲渡価額　5,000万円

③ 建物の建築代金　6,000万円

④ 建物の未償却残高　5,000万円

⑤ 建物購入後，遅滞なく無償返還の届出書を提出

⑥ 被相続人は，法人の株主ではない。

⑦ 通常地代の支払あり

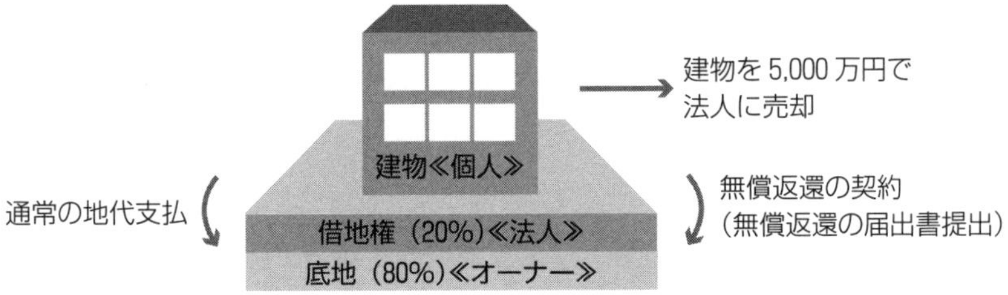

(解説)

(1) 法人の課税関係

法人は，建物を5,000万円で購入し資産として貸借対照表に計上する。

(2) オーナー経営者の所得税

5,000万円 － 5,000万円 ＝ 0

(建物譲渡価額 － 取得費（未償却残高）＝0）➡ 譲渡所得の課税なし

(3) オーナー経営者の相続税（土地の評価額）

1億円（自用地）× 80% ＝ 8,000万円（借地権部分20%が減額される）

(4) 節税効果

イ　土地の評価額　1億円 ➡ 8,000万円　評価減2,000万円

ロ　土地の評価額の20%相当については，相続税の評価の対象にならない。

第3章 借地人が個人，地主が法人の場合

この章においては，借地人が個人，地主が法人の場合の事例について解説する。

通常の権利金の授受を行う取引上の慣行がある地域において個人が権利金を支払わず土地を賃借する場合，借地人の個人と地主の法人の関係によって借地人の課税関係が異なってくることから，注意が必要である。

I

基本的な考え方

借地人の個人が法人の社長等の役員又は使用人である場合には，支払うべき権利金を免除されていることから，法人から受けたその経済的利益につき，借地人である個人において給与所得として課税される。地主の法人においては，この給与は臨時的に支給されるものであることから，社長等の役員分については役員賞与を支給したものとされ，損金に算入できない。しかし，使用人分については，過大給与として損金不算入となる場合を除き，使用人賞与となり損金に算入できる。

一方，借地人の個人が役員又は使用人以外である場合には，その経済的利益について，一時所得として課税される。地主の法人においては，授受すべき権利金相当額について認定課税が行われ，その額を借地人に贈与（寄附）したものとして，他の寄附金とあわせて寄附金の損金不算入額を計算することになる。

II
通常の権利金の支払い

1 通常の権利金を支払った場合

1　課税関係の考え方

地主（法人）においては，借地権の設定に当たり授受する権利金等の額は，益金の額に算入される。

借地人（個人）においては，支払った権利金等については，借地権という資産の取得価額になる。

2　通常の権利金を支払った場合

オーナー経営者が自宅を建築するに際し，法人が所有している土地をオーナー経営者に賃貸し，借地権の設定をすることを考えているとする。

その借地権の設定に際し権利金を受領する予定であるが，その土地のある地域の借地権割合は60％となっていることから，自用地価額の60％相当の金額を支払うこととしている。

この場合の個人及び法人の課税関係はどのようになるだろうか。

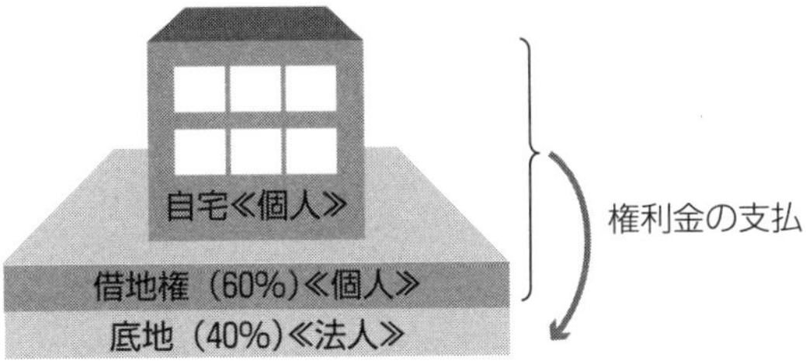

地主法人は，受領した権利金の額を益金に計上する。

借地人個人は，借地権を権利金の額によって購入したことになる。

⑴　同族法人（地主）の法人税

借地権の設定により収受した権利金の額を益金に算入し，その権利金を収受したことにより，その土地の価額が借地権の設定前の価額の２分の１以下になるので，土地の帳簿価額のうち次の算式により計算した金額を損金の額に算入する（法令138①）。

【算式】

土地の帳簿価額×借地権割合＝損金算入額

⑵　オーナー経営者（借地人）

① 所得税

オーナー経営者は，借地権を権利金の額によって購入したことになる。

将来，この借地権を譲渡したときには，取得費として譲渡収入金額から控除し，譲渡所得金額を計算する。

② 相続税

オーナー経営者は，借地権を権利金の額によって購入したことになるので，相続税においては，借地権の価額を財産評価基本通達27（借地権の評価）に基づき評価する。

具体的には，その自用地の価額に路線価図又は倍率表に記載された借地権割合を乗じて計算した金額によって評価する。

事例　**通常の権利金を支払った場合**

以下のような場合に，課税関係はどうなるか。

①	土地の更地価額（通常の取引価額）	１億円
②	通常の権利金の額（実際に支払った額）	6,000万円
③	借地権割合	60%
④	土地の帳簿価額	2,000万円

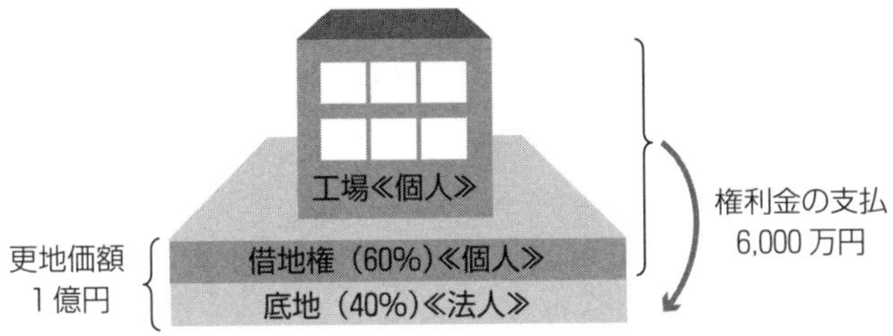

（解説）

⑴　地主：法人の課税関係

6,000万円（益金の額に算入）

2,000万円×60%＝1,200万円（損金に算入）

⑵　借地人：個人の課税関係

オーナー経営者個人は，6,000万円で借地権を購入したことになり，将来，この借地権を譲渡する場合には，6,000万円が取得費となる。

また，相続税評価額は，以下のようになる。

借地権＝自用地として相続税価額×借地権割合（路線価図等）

法令・通達等を確認する

法人税法施行令

（借地権の設定等により地価が著しく低下する場合の土地等の帳簿価額の一部の損金算入）（抄）

第138条　内国法人が借地権（建物又は構築物の所有を目的とする地上権又は土地の賃借権に限る。以下この条において同じ。）又は地役権の設定により他人に土地を使用させる場合において，その借地権又は地役権の設定により，次の各号に掲げる場合の区分に応じ当該各号に掲げる割合が10分の５となるときは，その設定の直前におけるその土地（借地権者にあっては，借地権）の帳簿価額に，その設定の直前におけるその土地（借地権者にあっては，借地権）の価額のうちに借地権（他人に借地権に係る土地を使用させる場合にあっては，当該使用に係る権利）又は地役権の価額の占める割合を乗じて計算した金額は，その設定のあった日の属する事業年度の所得の金額の計算上，損金の額に算入する。

一　土地の所有者が借地権又は地役権の設定により土地を使用させた場合　その設定の直前におけるその土地の価額のうちに，当該価額からその設定直後におけるその土地の価額を控除した残額の占める割合

2 通常の権利金を支払っていなかった場合

1　課税関係の考え方

法人が地主で，相当地代の授受がない場合又は無償返還の届出がない場合は，授受すべき権利金相当額の認定課税が行われる。

個人が借地人で，相当の地代の支払がない場合又は無償返還の届出がない場合は，支払うべき権利金相当額について法人から贈与（給与の支給）を受けたものとして課税が行われる。

2　通常の権利金を支払っていなかった場合

オーナー経営者が自宅を建築するに際し，法人が所有している土地をオーナー経営者に賃貸し，借地権の設定を考えているとする。

その借地権の設定に際し権利金は，受領しない予定であり，この地域の借地権割合は60％である。

この場合の個人及び法人の課税関係はどのようになるだろうか。

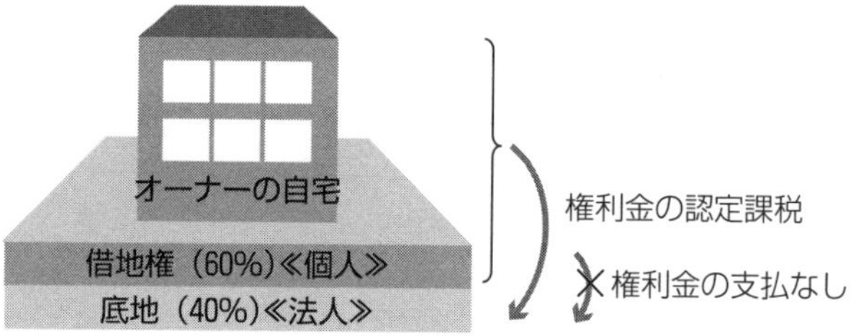

地主である法人は，経済的合理性を追求するものであると考えられることから，本来授受すべき権利金を授受しなかった場合には，授受すべき権利金相当額を授受したものとして認定課税が行われる。

また，借地人個人については，法人から贈与を受けたものとして認定課税が行われる。

⑴　同族法人（地主）の法人税

地主法人については，授受すべき権利金相当額を受領したものとして益金の額に加算するとともに，オーナー経営者に対し給与（賞与）を支給したものとされる。

しかし，役員賞与については，損金不算入になるため，権利金相当額について法人税が課税されることになる。

なお，借地権の設定により，その土地の価額が借地権の設定前の価額の２分の１以下になるので，土地の帳簿価額の一部を損金の額に算入する（法令138①）。

借地人	課税関係
役員	賞与（損金不算入）
使用人	使用人賞与（損金算入）
その他個人	寄附金（限度額超過額は損金不算入）

（※その他個人については，一時所得が課税される）

⑵　オーナー経営者（借地人）

①　所得税

オーナー経営者については，賞与を受けたことになるので給与所得として所得税が課税される。

②　相続税

オーナー経営者については，支払うべき権利金相当額の給与課税を受けたことにより，借地権を取得したことになるので，相続税においては，借地権の価額を財産評価基本通達27（借地権の評価）に基づき評価することになる。

具体的には，その自用地の価額に路線価図又は倍率表に記載された借地権割合を乗じて計算した金額によって評価する。

事例　通常の権利金を支払っていなかった場合

次のような条件で借地権を設定した場合の認定される権利金の額は，どのようになるか。

① 土地の更地価額（通常の取引価額）　1億円
② 土地の相続税評価額　8,000万円
③ 土地の帳簿価額　2,000万円
④ 実際に収受している地代の年額　180万円
⑤ 借地権割合　60%

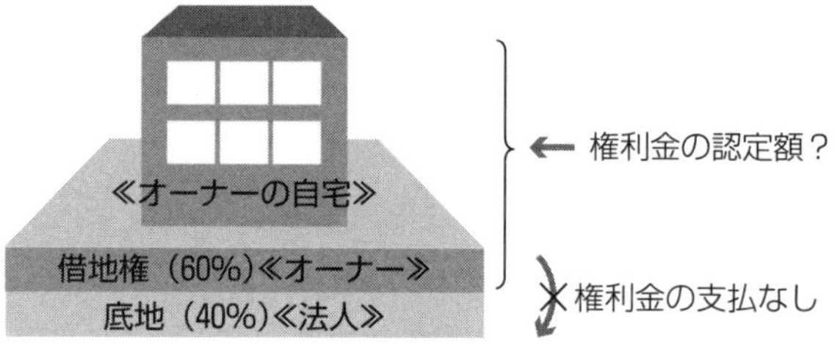

（解説）

(1)　法人地主の課税関係
① 相当の地代の計算
相続税評価額8,000万円×6％＝480万円
② 実際に収受している地代の年額180万円
③ 計算式

$$\text{更地価額}\quad 1\text{億円}\times\left(1-\frac{180\text{万円}}{480\text{万円}}\right)=6,250\text{万円}$$

④ 通常収受されるべき権利金の額
更地価額1億円×60％＝6,000万円
⑤ 認定課税される権利金の額
6,250万円　＞　<u>6,000万円</u>

算式により計算した額が，通常収受されるべき権利金の額を超える場合は，通常収受されるべき権利金の額によることになる。

よって，権利金の認定額は，6,000万円となる。

⑥　損金算入される土地の帳簿価額

$$2{,}000\text{万円}\times\frac{6{,}000\text{万円}}{1\text{億円}}=1{,}200\text{万円}$$

(2)　オーナー経営者の課税関係

①　オーナー経営者の所得税

オーナー経営者は，支払うべき権利金相当額を会社から受け取ったことになり，給与（賞与）所得として課税される。

権利金の認定課税
6,000万円
→
給与所得
6,000万円

つまり，オーナー経営者は，会社から受取っている通常の給与にこの権利金相当額を加算して所得税の確定申告をする必要が生じる。

②　オーナー経営者の相続税

相続税においては，借地権が相続財産として課税される。

借地権

具体的には，自用地の価額に借地権割合を乗じて計算した金額によって評価する。

↓

相続開始時点の自用地の評価額　×　借地権割合

III

相当の地代の支払い

1　通常の権利金の支払に代え相当の地代を支払っている場合

1　基本的な考え方

法人が借地権の設定に当たり権利金等を収受しないで，相当の地代を授受する場合は，授受する地代の額を益金に算入する。

個人が借地人で相当地代の支払を支払う場合，何ら課税関係は生じない。

2　相当の地代を支払っている場合

オーナー経営者が，自宅を建築するため，法人所有の未利用地を借り受け，借地権を設定しようと考えているとする。

借地権の設定に際し，通常の権利金の支払いに代え，相当の地代を支払う予定である。

この場合，オーナー経営者及び法人の課税関係はどのようになるだろうか。

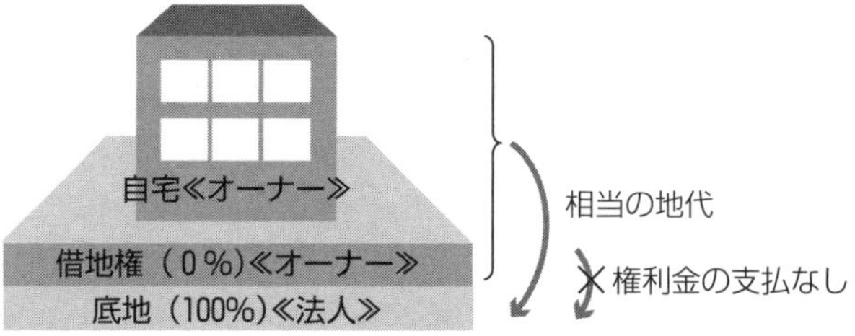

(1)　課税関係の概要

借地権の設定に際し，通常権利金を授受する取引慣行がある地域において権利金の授受がなかった場合には，原則授受されるべき権利金相当額の経済的利益を法人がオーナー経営者に贈与したものとして権利金の認定課税が行われる。

しかし，権利金の支払いに代え，相当の地代の支払いがある場合には，借地権の価額はゼロとされ，権利金の認定課税はない。

⑵　同族法人（地主）の法人税

地主法人については，収受した相当の地代を益金の額に算入する。

⑶　オーナー経営者（借地人）

①　所得税

オーナー経営者については，相当の地代の支払いが生じるだけであり，課税関係は発生しない。

②　オーナー経営者の相続税

オーナー経営者の相続税については，相当の地代を支払っているので借地権の価額は，ゼロで評価する（相当地代通達３⑴）。

IV

土地の無償返還の届出

1　通常の権利金を支払わず，土地の無償返還の届出が提出されている場合

1　課税関係の考え方

法人が実際に収受している地代と相当の地代の差額について，借地人から贈与を受けたものとして地代の認定課税が生じる。

借地人が法人の役員又は使用人である場合には，実際に支払っている地代と相当の地代の差額について給与所得が課税される。

2　無償返還の届出がある場合

オーナー経営者は，法人が所有している土地を借り受け，自宅を建築する予定であるとする。

その土地は，かなり路線価の高い地域にあることから権利金も相当の地代も高額になってしまい，支払うことができない。

そこで土地の賃貸借契約書において，将来その土地を無償で返還することを定め，地主と連名で無償返還の届出書を所轄税務署に提出し，地代については，一般地代を支払う予定である。

この場合，個人及び法人の課税関係はどのようになるだろうか。

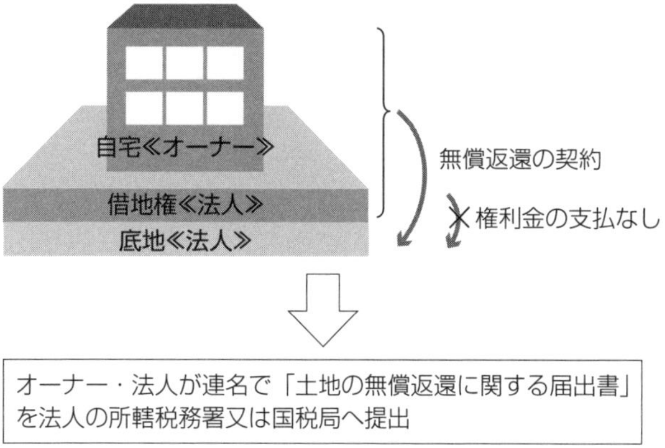

⑴　課税関係の概要

借地権の設定に際し権利金等の授受の取引慣行のある地域において，権利金等又は相当の地代のいずれも支払いがない場合には，権利金の認定課税が行われる。

しかし，その借地権の設定に係る契約書に将来借地人等がその土地を無償で返還することが定められており，かつ，その旨を地主と借地人との連名により，遅滞なく当該法人の所轄税務署長又は国税局長に届け出たときは，権利金の認定課税は行われず，実際の地代と相当の地代の差額について地主から借地人に対し地代の贈与があったとして認定課税が行われる。

⑵　同族法人（地主）の法人税

①　借地人が役員又は使用人である場合

借地人が役員又は使用人である場合には，地主法人は実際に収受している地代と相当の地代との差額についての認定課税を受けることになる。

地主法人は，地代の認定課税相当額を益金の額に算入し，同額の給与を支給したものとして損金の額に算入することができる。なお，この給与は定期同額給与であることから，過大な役員給与及び過大な使用人給与とならない場合には，相殺され課税関係は生じない。

（相当の地代－実際の地代）

地代の認定課税相当額

↓

給与（損金算入）　益金

② 借地人が，役員又は使用人以外である場合

借地人が，役員又は使用人以外である場合には，地代の認定課税相当額を寄附したものとして損金の額に算入される。

ただし，寄附金の限度額計算を行い，限度額を超過した部分については損金不算入になる。

（相当の地代－実際の地代）

地代の認定課税相当額

↓

寄附金（損金算入）　益金
（限度額計算あり）

⑶ オーナー経営者（借地人）の所得税

借地人がその法人の役員又は使用人である場合には，役員又は使用人は地代の認定課税相当額を給与の支給を受けたものとして，給与所得として課税される。

なお，借地人がその法人の役員又は使用人以外の場合には，地代の認定課税相当額の贈与を受けたことになるが，継続的に贈与を受けたことになるため，一時所得ではなく雑所得として課税される（所基通34－1⑸かっこ書）。

実務上は，このようなケースはほとんどないと思われる。

法令・通達等を確認する

所得税基本通達

（一時所得の例示）（抄）

34－1　次に掲げるようなものに係る所得は，一時所得に該当する。

⋮

⑸　法人からの贈与により取得する金品（業務に関して受けるもの及び継続的に受けるものを除く。）

第4章

借地人が法人，地主が個人で，土地・建物を一括譲渡する場合

「第２章　借地人が法人，地主が個人の場合」「第３章　借地人が個人，地主が法人の場合」と，ケース別に借地権の課税上の取扱いについて述べてきたが，これまでに取り上げたケースで問題となっていたのは，いわゆる「入口課税」の問題である。この章においては，「出口課税」，つまり借地権を売却した場合の課税関係について解説する。

I

基本的な考え方

特に注意が必要なのは，土地を譲渡した場合の譲渡収入の帰属先である。「土地の無償返還に関する届出書」が提出されている場合，借地人の法人が有する借地権の評価額は自用地価額の20％，地主の個人が有する底地権の評価額は自用地価額の80％と説明してきた。この「借地権は20％，底地権は80％」という考え方は，あくまで相続税の評価上の取扱いであり，「土地の無償返還に関する届出書」を提出したからといって20％の借地権そのものが法人に無償で移転するわけではない。つまり，法人には何らの権利も移転していないので，土地を譲渡した場合の譲渡収入は100％地主の個人に帰属することになる。

なお，「土地の無償返還に関する届出書」が提出されている場合だけではなく，相当の地代の支払いがある場合も同様の取扱いとなる。

ちなみに，仮に20％の借地権を無償で法人に移転させるのであれば，そこには，借地権の認定課税が行われることになる。

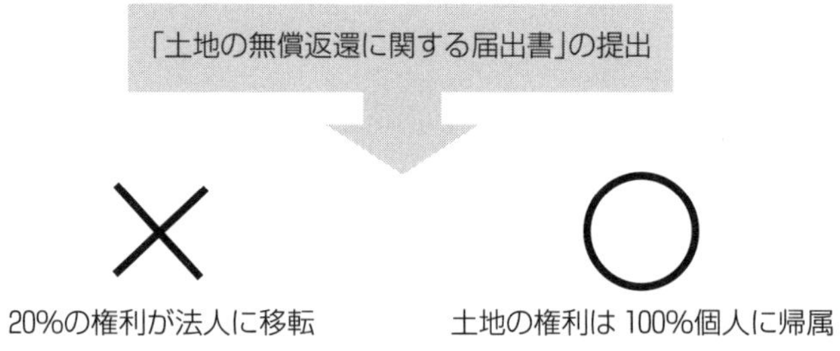

II

通常の権利金と認定課税

1 通常の権利金を支払った場合

1　課税関係の考え方

譲渡代金の配分は，それぞれの借地権及び底地の割合によって配分する。

2　通常の権利金を支払った場合

オーナー経営者が所有していた土地に工場を建築するに際し，通常の権利金を支払い，借地権の設定を行ったとする。

なお，この地域は，借地権の設定に当たり通常の権利金を支払う取引慣行があったことから，この地域の借地権割合60％相当の権利金を支払っている。

今回，この土地をオーナー経営者と一緒に譲渡することになったが，譲渡代金の配分は，どのようにすればよいだろうか。

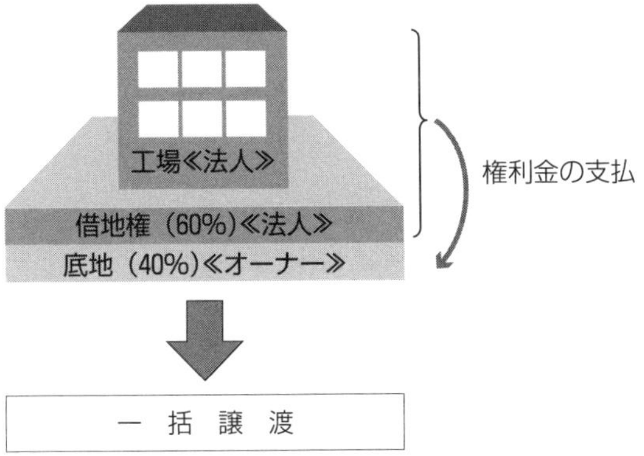

⑴　同族法人（借地人）の法人税

借地人の法人は，譲渡代金のうち60％相当を借地権の譲渡収入として計上する。なお，建物は，法人の所有なので，建物の譲渡代金は当然法人に帰属する。

⑵　オーナー経営者（地主）

①　所得税

オーナー経営者の所得税については，土地に係る譲渡代金の40％相当を譲渡収入として，取得費及び譲渡費用を控除し，譲渡所得金額を計算する。

譲渡所得金額＝譲渡収入金額－（取得費＋譲渡費用）

なお，取得費については，先祖代々所有してきたような土地で取得価額が不明の場合には，譲渡価額の５％を概算取得費として計上することができる（措法31の４）。

また，譲渡費用となるものは，その資産を譲渡するために直接要した費用であり，仲介手数料，測量費，印紙代，取壊し費用などが主な例である。

この土地に係る譲渡所得は，所有期間に応じ長期譲渡所得又は短期譲渡所得に区分され，他の所得と分離して所得税額を計算する。

分離長期譲渡所得＝譲渡した年の１月１日において所有期間が５年を超えている土地建物等

　税率　所得税15%，住民税５％

分離短期譲渡所得＝譲渡した年の１月１日において所有期間が５年以下の土地建物等

　税率　所得税30%，住民税９％

事例　通常の権利金の支払いがあった土地と建物を譲渡する場合

借地人法人が通常の権利金を支払っている場合，課税関係はどのようになるか。

① 借地人法人が通常の権利金を支払い，借地権を設定

② オーナー経営者と借地人がその土地と建物を一括譲渡

③ 譲渡価額　1.2億円

（内，建物の譲渡価額2,000万円）

④ 借地権割合　60%

⑤ 土地の取得価額不明（土地の所有期間30年）

⑥ 譲渡費用（仲介手数料）　366万円

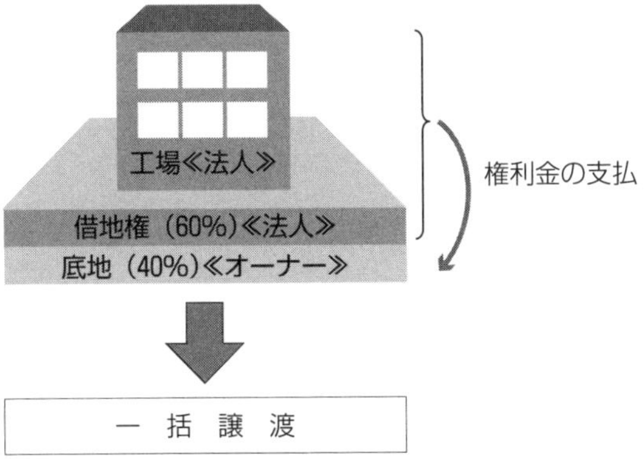

（解説）

⑴ 借地人法人の譲渡価額

借地権の譲渡価額（1.2億円－2,000万円）×60%＝6,000万円

建物の譲渡価額　2,000万円

⑵ オーナー経営者の譲渡所得

底地の譲渡価額

（1.2億円　－　2,000万円）×　40%　＝　4,000万円

（建物譲渡価額）

取得費

4,000万円　×　5％　＝　200万円

譲渡費用

$$366\text{万円} \times \frac{4{,}000\text{万円}}{1.2\text{億円}} = 122\text{万円}$$

長期譲渡所得の金額（所有期間５年超）

4,000万円　－　(200万円＋122万円)　＝　3,678万円

所得税　3,678万円　×　15%　＝　551.7万円

住民税　3,678万円　×　5％　＝　183.9万円

法令・通達等を確認する

租税特別措置法

（長期譲渡所得の概算取得費控除）（抄）

第31条の４　個人が昭和27年12月31日以前から引き続き所有していた土地等又は建物等を譲渡した場合における長期譲渡所得の金額の計算上収入金額から控除する取得費は，所得税法第38条及び第61条の規定にかかわらず，当該収入金額の100分の５に相当する金額とする。ただし，当該金額がそれぞれ次の各号に掲げる金額に満たないことが証明された場合には，当該各号に掲げる金額とする。

一　その土地等の取得に要した金額と改良費の額との合計額

二　その建物等の取得に要した金額と設備費及び改良費の額との合計額につき所得税法第38条第２項の規定を適用した場合に同項の規定により取得費とされる金額

2　通常の権利金を支払わなかったため，権利金の認定課税を受けた場合

1　課税関係の考え方

譲渡代金の配分は，それぞれの借地権及び底地の割合によって配分することになる。

2　通常の権利金を支払わず，権利金の認定課税を受けた場合

オーナー経営者が所有していた土地に工場を建築するに際し，資金繰りが厳し

かったことから通常の権利金を支払わず，相当の地代の支払い及び無償返還の届出も行っていなかったため，権利金の認定課税を受けた場合を考える。

なお，この地域は，借地権の設定に当たり通常の権利金を支払う取引慣行があったことから，この地域の借地権割合60％相当の権利金の認定課税を受けた。

今回，この土地をオーナー経営者と一緒に譲渡することになったが，譲渡代金の配分は，どのようにすればよいのか。

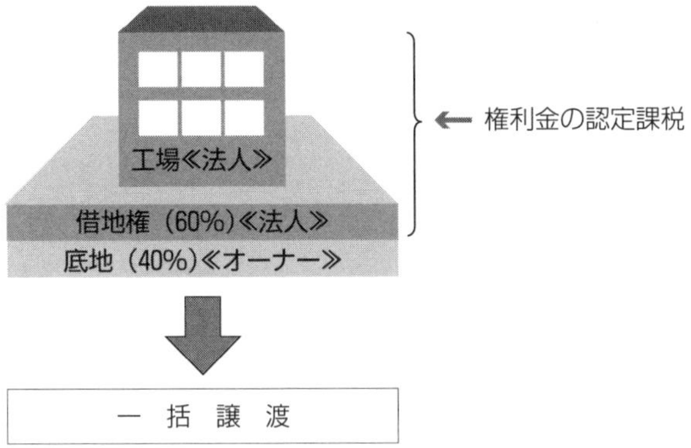

(1)　同族法人（借地人）の法人税

借地人の法人は，譲渡代金のうち60％相当を借地権の譲渡収入として計上する（建物の譲渡収入金額を差し引いた60％）。

なお，建物は法人の所有であるので，建物の譲渡収入金額は法人に帰属する。

(2)　オーナー経営者（地主）の所得税

オーナー経営者の所得税については，土地に係る譲渡代金の40％相当を譲渡収入として，取得費及び譲渡費用を控除し，譲渡所得金額を計算する。

III

相当の地代の支払い

1 通常の権利金の支払に代え相当の地代を支払っている場合

1　課税関係の考え方

借地人である法人が相当の地代を支払って賃借していた土地の借地権を譲渡した場合，その譲渡価額は原則ゼロとなり，譲渡代金は全て地主個人の譲渡所得となる。

2　相当の地代を支払っている場合

当社は，オーナー経営者が所有していた土地に工場を建築するに際し，通常の権利金の支払いに代え，更地価額の６％の相当地代を支払って賃借している。

今回，この土地をオーナー経営者と一緒に譲渡することになったが，譲渡代金の配分は，どのようにすればよいのか。

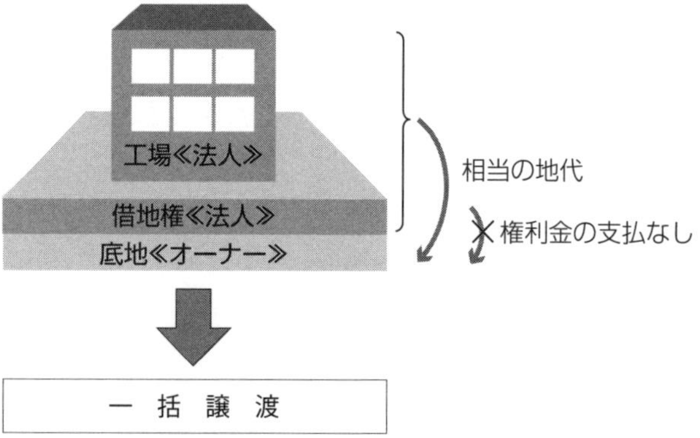

(1) 同族法人（借地人）の法人税

借地人の法人が相当の地代を支払っていた場合，借地権の価額は，原則ゼロとなるので，法人が受け取るべき土地に係る譲渡代金はない（法基通13－１－15）。

なお，建物は，法人の所有なので，建物の譲渡代金は当然法人に帰属する。

(2) オーナー経営者（地主）の所得税

オーナー経営者の所得税については，土地に係る譲渡代金の全てを譲渡収入として，取得費及び譲渡費用を控除し，譲渡所得金額を計算する。

事例　相当の地代の支払いがある土地と建物を譲渡する場合

相当の地代を授受していた土地を譲渡した場合，課税関係はどうなるか。

① 借地人法人が通常の権利金に代え，相当の地代を支払

② オーナー経営者と借地人がその土地と建物を一括譲渡

③ 譲渡価額　1.2億円

（内，建物の譲渡価額2,000万円）

④ 借地権割合　60%

⑤ 土地の取得価額不明（土地の所有期間30年）

⑥ 譲渡費用（仲介手数料）　360万円

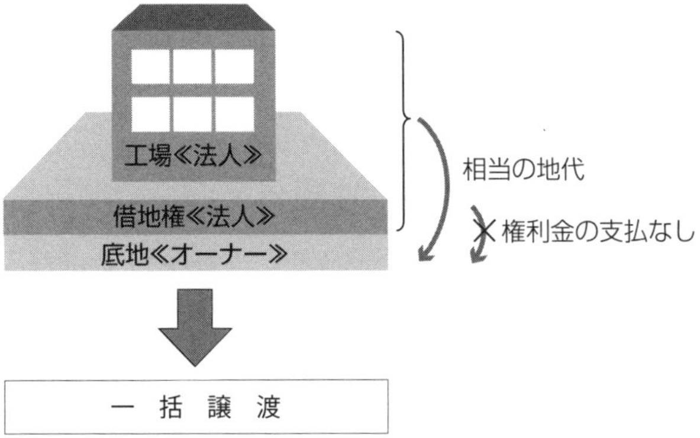

（解説）

⑴　借地人法人の譲渡価額

借地権の譲渡価額　ゼロ

相当の地代を支払うことにより，底地価額＝更地価額

借地権価額＝0

建物の譲渡価額　2,000万円

⑵　オーナー経営者の譲渡所得

土地の譲渡価額

1.2億円　－　2,000万円　＝　1億円

（建物譲渡価額）

取得費

1億円　×　5％　＝　500万円

譲渡費用

$$360\text{万円} \times \frac{1\text{億円}}{1.2\text{億円}} = 300\text{万円}$$

長期譲渡所得の金額（所有期間5年超）

1億円　－　（500万円＋300万円）　＝　9,200万円

所得税　1,380万円

住民税　460万円

法令・通達等を確認する

法人税基本通達

（相当の地代で賃借した土地に係る借地権の価額）

13－1－15　13－1－14の場合において，借地人である法人が13－1－2に定める相当の地代により賃借した土地に係る借地権を譲渡し，又は当該土地を地主へ返還したときに通常収受すべき借地権の対価の額又は立退料等の額は，原則として次に掲げる場合の区分に応じ，それぞれ次に掲げる金額によるものとする。（昭55年直法2－15「三十一」により追加，平23年課法2－17「二十七」により改正）

⑴　その支払うべき地代の額の改訂方法につき13－1－8の⑴に掲げる方法によっている場合　零。ただし，当該借地権の設定等に当たり支払った権利金又は供与した特別の経済的な利益がある場合には，当該権利金の額又は特別の経済的な利益の額

に相当する金額とする。

⑵　⑴以外の場合　次の区分に応じ，それぞれ次の金額

イ　その支払っている地代の額が一般地代の額（通常支払うべき権利金を支払った場合に当該土地の価額の上昇に応じて通常支払うべき地代の額をいう。）に相当する金額となる時前にその譲渡又は返還が行われたとき　その譲渡又は返還の時における当該土地の更地価額を基礎として13－１－３に定める算式に準じて計算した金額

ロ　イ以外のとき　その譲渡又は返還の時における当該土地の更地価額を基礎として通常取引される借地権の価額

（注）　この取扱いは，法人が借地人から貸地の返還を受けるに当たり，⑴又は⑵に掲げる金額の立退料等のほかにその返還に伴い借地人において生ずる費用又は損失の補填に充てるために合理的な金額を支払うことを妨げるものではないことに留意する。

IV

土地の無償返還の届出

1 通常の権利金を支払わず，土地の無償返還の届出が提出されている場合

1 課税関係の考え方

借地権の設定に際し権利金等の授受の取引慣行のある地域において，権利金等又は相当の地代のいずれも支払いがない場合には，権利金の認定課税が行われる。

しかし，その借地権の設定に係る契約書に将来借地人等がその土地を無償で返還することが定められており，かつ，その旨を地主と借地人との連名により，遅滞なく当該法人の所轄税務署長又は国税局長に届け出たときは，権利金の認定課税は行われず，実際の地代と相当の地代の差額について地主から借地人に対し地代の贈与があったとして認定課税が行われる。よって常に相当の地代を支払っていることになるので借地権はゼロとなり，譲渡代金については受け取ることができない。

2 土地が無償返還の届出がある場合

オーナー経営者が所有していた土地に工場を建築するに際し，通常の権利金の支払いや相当の地代の支払いをせず，一般地代のみを支払っていた。

また，借地契約において将来その借地を無償で返還することが定められており，無償返還の届出書をオーナー経営者と法人の連名で税務署に提出している。

近年この工場の稼働率が低下していることから，工場と土地を一括で売却しようと考えている。無償返還の届出を提出している場合，法人に20％の借地権が認められていると聞いているので，土地の譲渡代金の20％を会社が受け取り，80％をオーナー経営者に配分しようと考えている。

この場合，個人及び法人の課税関係は，どのようになるのか。

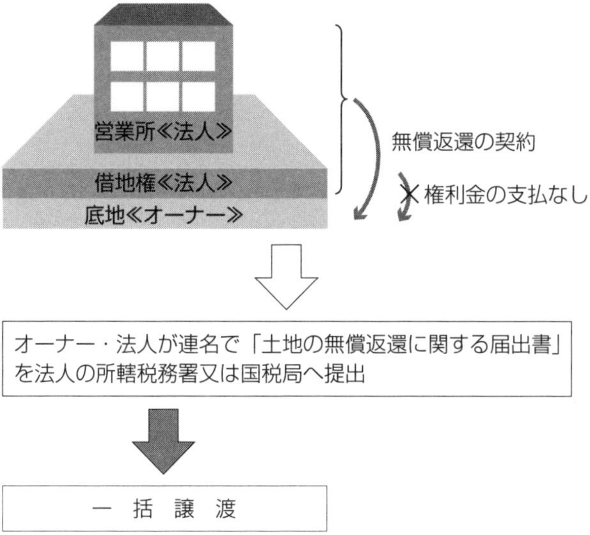

⑴　同族法人（借地人）の法人税

借地人が無償返還の届出を提出している場合は，権利金の認定課税は行われず，相当の地代と実際の地代の差額について認定課税が行われる。つまり常に相当の地代を支払っている状態になるので，借地権は発生しない。

借地人の法人については，土地について何の権利もないことになるので，土地の譲渡代金を受け取ることはできない。

相続税については，無償返還の届出が提出されている場合，借地権の価額はゼロであるが，現実に建物が建築されているため，相当の制約を受けることから，20％相当の借地権を控除する。これは，土地（底地）の評価上の調整であり，法人に20％相当の借地権が発生したわけではない。

よって，法人が譲渡代金の20％を受け取った場合には，オーナー経営者からの贈与になり，受贈益に対して法人税が課税される。

また，法人の純資産価額が増加するので，それにより株式の価額が増加する場合には，その増加した部分に相当する金額をオーナー経営者が株主に贈与したものとして贈与税の課税が発生する（相法９，相基通９－２）。

⑵ オーナー経営者（地主）の所得税

借地人から無償返還の届出が提出されている場合，借地権はゼロとなるので，オーナーは譲渡代金の全額を取得することになり，その金額に譲渡所得が課税される。

事例　**土地の無償返還の届出がある場合の土地と建物の譲渡**

① 借地人法人が借地権を設定するに際し，通常の権利金及び相当の地代を支払っていない。
② 土地の無償返還の届出あり。
③ オーナー経営者と借地人法人が土地と建物を一括で譲渡。
④ 譲渡価額総額1.2億円（内，建物の譲渡価額2,000万円）。
⑤ 土地の取得価額　不明（土地の所有期間30年）
⑥ 譲渡費用（仲介手数料）　360万円

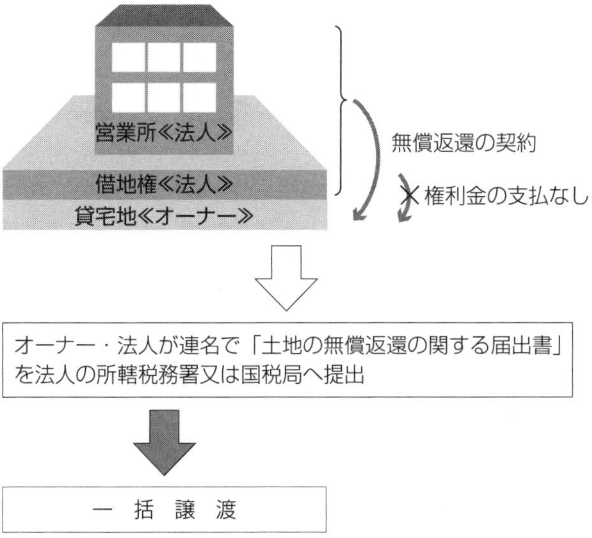

（解説）……………………………………………………………………………………………

⑴　借地人法人の譲渡価額

借地権の譲渡価額　ゼロ

建物の譲渡価額　2,000万円

⑵　オーナー経営者の譲渡所得

土地の譲渡価額

1.2億円　－　2,000万円　＝　1億円

（総額）　（建物譲渡価額）

取得費

1億円　×　5％　＝　500万円

譲渡費用

$$360万円 \times \frac{1億円}{1.2億円} = 300万円$$

長期譲渡所得の金額（所有期間5年超）

1億円　－　（500万円　＋　300万円）　＝　9,200万円

法令・通達等を確認する

相続税法

第9条　第5条から前条まで及び次節に規定する場合を除くほか，対価を支払わないで，又は著しく低い価額の対価で利益を受けた場合においては，当該利益を受けた時において，当該利益を受けた者が，当該利益を受けた時における当該利益の価額に相当する金額（対価の支払があつた場合には，その価額を控除した金額）を当該利益を受けさせた者から贈与（当該行為が遺言によりなされた場合には，遺贈）により取得したものとみなす。ただし，当該行為が，当該利益を受ける者が資力を喪失して債務を弁済することが困難である場合において，その者の扶養義務者から当該債務の弁済に充てるためになされたものであるときは，その贈与又は遺贈により取得したものとみなされた金額のうちその債務を弁済することが困難である部分の金額については，この限りでない。

相続税法基本通達

（株式又は出資の価額が増加した場合）

9－2　同族会社（法人税法（昭和40年法律第34号）第2条第10号に規定する同族会

社をいう。以下同じ。）の株式又は出資の価額が，例えば，次に掲げる場合に該当して増加したときにおいては，その株主又は社員が当該株式又は出資の価額のうち増加した部分に相当する金額を，それぞれ次に掲げる者から贈与によって取得したものとして取り扱うものとする。この場合における贈与による財産の取得の時期は，財産の提供があった時，債務の免除があった時又は財産の譲渡があった時によるものとする。（昭57直資７－177改正，平15課資２－１改正）

⑴　会社に対し無償で財産の提供があった場合　当該財産を提供した者

⑵　時価より著しく低い価額で現物出資があった場合　当該現物出資をした者

⑶　対価を受けないで会社の債務の免除，引受け又は弁済があった場合　当該債務の免除，引受け又は弁済をした者

⑷　会社に対し時価より著しく低い価額の対価で財産の譲渡をした場合　当該財産の譲渡をした者

【第3部】

重要通達集

相当の地代を収受している貸宅地の評価について

（昭和43年10月28日　直資３－22他）

標題のことについて昭和42年7月10日別紙２のとおり東京国税局直税部長から上申があり，これに対して同年12月5日別紙１のとおり指示したところであるが，今後，同様の事案については，これにより処理されたい。

別紙１

相当の地代を収受している貸宅地の評価について（昭和42年７月10日付東局直資第72号による上申に対する指示）

（昭和42年12月５日　直資３－13他）

標題のことについて，課税時期における被相続人所有の貸宅地は，自用地としての価額から，その価額の20％に相当する金額（借地権の価額）を控除した金額により，評価することとされたい。

なお，上記の借地権の価額は，昭和39年４月25日付直資56相続税財産評価に関する基本通達32の(1)の定めにかかわらず，被相続人所有のＩ株式会社の株式評価上，同社の純資産価額に算入することとされたい。

（理由）

地代率との相関関係から借地権の有無につき規定している法人税法施行令第137条の趣旨からすれば，本件の場合土地の評価に当たり借地権を無視する考え方もあるが，借地借家法の制約賃貸借契約にもとづく利用の制約等を勘案すれば，現在借地慣行のない地区についても20％の借地権を認容していることとの権衡上，本件における土地の評価についても借地権割合を20％とすることが適当である。

なお，本件における借地権の価額を被相続人が所有するＩ株式会社の株式評価上，同社の純資産価額に算入するのは，被相続人が同社の同族関係者である本件の場合においては，土地の評価額が個人と法人を通じて100％顕現することが，課税の公平上適当と考えられるからである。

使用貸借に係る土地についての相続税及び贈与税の取扱いについて

（昭和48年11月1日　直資2－189（例規）他）

標題のことについては，次のとおり定め，今後処理するものからこれによることとしたので，通達する。

なお，この取扱いは，個人間の貸借関係の実情を踏まえて定めたものであるから，当事者のいずれか一方が法人である場合のその一方の個人については，原則として，従来どおり法人税の取扱いに準拠して取り扱うこととなることに留意されたい。

（趣旨）

建物又は構築物の所有を目的とする使用貸借に係る土地に関する相続税及び贈与税の取扱いについて所要の整備を図ることとしたものである。

記

（使用貸借による土地の借受けがあった場合）

1　建物又は構築物（以下「建物等」という。）の所有を目的として使用貸借による土地の借受けがあった場合においては，借地権（建物等の所有を目的とする地上権又は賃借権をいう。以下同じ。）の設定に際し，その設定の対価として通常権利金その他の一時金（以下「権利金」という。）を支払う取引上の慣行がある地域（以下「借地権の慣行のある地域」という。）においても，当該土地の使用貸借に係る使用権の価額は，零として取り扱う。

この場合において，使用貸借とは，民法（明治29年法律第89号）第593条に規定する契約をいう。したがって，例えば，土地の借受者と所有者との間に当該借受けに係る土地の公租公課に相当する金額以下の金額の授受があるにすぎないものはこれに該当し，当該土地の借受けについて地代の授受がないものであっても権利金その他地代に代わるべき経済的利益の授受のあるものはこれに該当しない。

（使用貸借による借地権の転借があった場合）

2　借地権を有する者（以下「借地権者」という。）からその借地権の目的となっている土地の全部又は一部を使用貸借により借り受けてその土地の上に建物等を建築した場合又は借地権の目的となっている土地の上に存する建物等を取得し，その借地権者からその建物等の敷地を使用貸借により借り受けることとなった場合においては，借地権の慣行のある地域においても，当該借地権の使用貸借に係る使用権の価額は，零として取り扱う。

この場合において，その貸借が使用貸借に該当するものであることについては，当該使用貸借に係る借受者，当該借地権者及び当該土地の所有者についてその事実を確認するものとする。

（注）

1　上記の確認に当たっては，別紙様式1「借地権の使用貸借に関する確認書」を用いる。

2　上記確認の結果，その貸借が上記の使用貸借に該当しないものであるときは，その実態に応じ，借地権又は転借権の贈与として贈与税の課税関係を生ずる場合があることに留意する。

（使用貸借に係る土地等を相続又は贈与により取得した場合）

3　使用貸借に係る土地又は借地権を相続（遺贈及び死因贈与を含む。以下同じ。）又は贈与（死因贈与を除く。以下同じ。）により取得した場合における相続税又は贈与税の課税価格に算入すべき価額は，当該土地の上に存する建物等又は当該借地権の目的となっている土地の上に存する建物等の自用又は貸付けの区分にかかわらず，すべて当該土地又は借地権が自用のものであるとした場合の価額とする。

（使用貸借に係る土地等の上に存する建物等を相続又は贈与により取得した場合）

4　使用貸借に係る土地の上に存する建物等又は使用貸借に係る借地権の目的となっている土地の上に存する建物等を相続又は贈与により取得した場合における相続税又は贈与税の課税価格に算入すべき価額は，当該建物等の自用又は貸付けの区分に応じ，それぞれ当該建物等が自用又は貸付けのものであるとした場合の価額とする。

（借地権の目的となっている土地を当該借地権者以外の者が取得し地代の授受が行われないこととなった場合）

5　借地権の目的となっている土地を当該借地権者以外の者が取得し，その土地の取得者と当該借地権者との間に当該土地の使用の対価としての地代の授受が行われないこととなった場合においては，その土地の取得者は，当該借地権者から当該土地に係る借地権の贈与を受けたものとして取り扱う。ただし，当該土地の使用の対価としての地代の授受が行われないこととなった理由が使用貸借に基づくものでないとしてその土地の取得者からその者の住所地の所轄税務署長に対し，当該借地権者との連署による「当該借地権者は従前の土地の所有者との間の土地の賃貸借契約に基づく借地権者としての地位を放棄していない」旨の申出書が提出されたときは，この限りではない。

（注）

1　上記の「土地の使用の対価としての地代の授受が行われないこととなった場合」には，例えば，土地の公租公課に相当する金額以下の金額の授受がある場合を含み，権利金その他地代に代わるべき経済的利益の授受のある場合は含まれないことに留意する（以下７において同じ。）

2　上記の申出書は，別紙様式２「借地権者の地位に変更がない旨の申出書」を用いる。

（経過的取扱い　―　土地の無償借受け時に借地権相当額の課税が行われている場合）

6　従前の取扱いにより，建物等の所有を目的として無償で土地の借受けがあった時に当該土地の借受者が当該土地の所有者から当該土地に係る借地権の価額に相当する利益を受けたものとして当該借受者に贈与税が課税されているもの，又は無償で借り受けている土地の上に存する建物等を相続若しくは贈与により取得した時に当該建物等を相続若しくは贈与により取得した者が当該土地に係る借地権に相当する使用権を取得したものとして当該建物等の取得者に相続税若しくは贈与税が課税されているものについて，今後次に掲げる場合に該当することとなったときにおける当該建物等又は当該土地の相続税又は贈与税の課税価格に算入すべき価額は，次に掲げる場合に応じ，それぞれ次に掲げるところによる。

(1)　当該建物等を相続又は贈与により取得した場合　当該建物等の自用又は貸付けの区分に応じ，それぞれ当該建物等が自用又は貸付けのものであるとした場合の価額とし，当該建物等の存する土地に係る借地権の価額に相当する金額を含まないものとする。

(2)　当該土地を相続又は贈与により取得した場合　当該土地を相続又は贈与により取得する前に，当該土地の上に存する当該建物等の所有者が異動している場合でその時に当該建物等の存する土地に係る借地権の価額に相当する金額について相続税又は贈与税の課税が行われていないときは，当該土地が自用のものであるとした場合の価額とし，当該建物等の所有者が異動していない場合及び当該建物等の所有者が異動している場合でその時に当該建物等の存する土地に係る借地権の価額に相当する金額について，相続税又は贈与税の課税が行われているときは，当該土地が借地権の目的となっているものとした場合の価額とする。

（経過的取扱い　―　借地権の目的となっている土地をこの通達の施行前に当該借地権者以外の者が取得している場合）

7　この通達の施行前に，借地権の目的となっている土地を当該借地権者以外の者が取得し，その者と当該借地権者との間に当該土地の使用の対価としての地代の授受が行われないこととなったもの（この通達の施行後に処理するものを除く。）について，今後次に掲げる場合に該当することとなったときにおける当該土地の上に存する建物等又は当該土地の相続税又は贈与税の課税価格に算入すべき価額は，次に掲げる場合に応じ，それぞれ次に掲げるところによる。

(1)　当該建物等を相続又は贈与により取得した場合　当該建物等の自用又は貸付けの区分に応じ，それぞれ当該建物等が自用又は貸付けのものであるとした場合の価額とし，当該建物等の存する土地に係る借地権の価額に相当する金額を含まないものとする。

⑵　当該土地を相続又は贈与により取得した場合　当該土地を相続又は贈与により取得する前に，当該土地の上に存する当該建物等の所有者が異動している場合でその時に当該建物等の存する土地に係る借地権の価額に相当する金額について相続税又は贈与税の課税が行われていないときは，当該土地が自用のものであるとした場合の価額とし，当該建物等の所有者が異動していない場合及び当該建物等の所有者が異動している場合でその時に当該建物等の存する土地に係る借地権の価額に相当する金額について相続税又は贈与税の課税が行われているときは，当該土地が借地権の目的となっているものとした場合の価額とする。

相当の地代を支払っている場合等の借地権等についての相続税及び贈与税の取扱いについて

（昭和60年6月5日　課資2－58（例規））

標題のことについては，下記のとおり定めたから，これによられたい。

（趣旨）

借地権の設定された土地について権利金の支払に代え相当の地代を支払うなどの特殊な場合の相続税及び贈与税の取扱いを定めたものである。

したがって，借地権の設定に際し通常権利金を支払う取引上の慣行のある地域において，通常の地代（その地域において通常の賃貸借契約に基づいて通常支払われる地代をいう。）を支払うことにより借地権の設定があった場合又は通常の地代が授受されている借地権若しくは貸宅地の相続，遺贈又は贈与があった場合には，この通達の取扱いによることなく，相続税法基本通達及び相続税財産評価に関する基本通達等の従来の取扱いによるのであるから留意する。

（相当の地代を支払って土地の借受けがあった場合）

1　借地権（建物の所有を目的とする地上権又は賃借権をいう。以下同じ。）の設定に際しその設定の対価として通常権利金その他の一時金（以下「権利金」という。）を支払う取引上の慣行のある地域において，当該権利金の支払に代え，当該土地の自用地としての価額に対しておおむね年6%程度の地代（以下「相当の地代」という。）を支払っている場合は，借地権を有する者（以下「借地権者」という。）については当該借地権の設定による利益はないものとして取り扱う。

この場合において，「自用地としての価額」とは，昭和39年４月25日付直資56ほか１課共同「財産評価基本通達」（以下「評価基本通達」という。）25《貸宅地の評価》の⑴に定める自用地としての価額をいう（以下同じ。）。

ただし，通常支払われる権利金に満たない金額を権利金として支払っている場合又は借地権の設定に伴い通常の場合の金銭の貸付けの条件に比し特に有利な条件による金銭の貸付けその他特別の経済的な利益（以下「特別の経済的利益」という。）を与えている場合は，当該土地の自用地としての価額から実際に支払っている権利金の額及び供与した特別の経済的利益の額を控除した金額を相当の地代の計算の基礎となる当該土地の自用地としての価額とする。

（注）

1　相当の地代の額を計算する場合に限り，「自用地としての価額」は，評価基本通達25《貸宅地の評価》の(1)に定める自用地としての価額の過去３年間（借地権を設定し，又は借地権若しくは貸宅地について相続若しくは遺贈又は贈与があった年以前３年間をいう。）における平均額によるものとする。

2　本文のただし書により土地の自用地としての価額から控除すべき金額があるときは，当該金額は，次の算式により計算した金額によるのであるから留意する。

【算式】

$$\text{その権利金又は特別の経済的な利益の額} \times \frac{\text{当該土地の自用地としての価額}}{\text{借地権の設定時における当該土地の通常の取引価額}}$$

（相当の地代に満たない地代を支払って土地の借受けがあった場合）

2　借地権の設定に際しその設定の対価として通常権利金を支払う取引上の慣行のある地域において，当該借地権の設定により支払う地代の額が相当の地代の額に満たない場合，借地権者は，当該借地権の設定時において，次の算式により計算した金額から実際に支払っている権利金の額及び供与した特別の経済的利益の額を控除した金額に相当する利益を土地の所有者から贈与により取得したものとして取り扱う。

【算式】

$$\text{自用地としての価額} \times \left\{ \text{借地権割合} \times \left(1 - \frac{\text{実際に支払っている地代の年額} - \text{通常の地代の年額}}{\text{相当の地代の年額} - \text{通常の地代の年額}} \right) \right\}$$

上記の算式中の「自用地としての価額」等は，次による。

⑴ 「自用地としての価額」は，実際に支払っている権利金の額又は供与した特別の経済的利益の額がある場合に限り，１《相当の地代を支払って土地の借受けがあった場合》の本文の定めにかかわらず，借地権の設定時における当該土地の通常の取引価額によるのであるから留意する。
⑵ 「借地権割合」は，評価基本通達27《借地権の評価》に定める割合をいう。
⑶ 「相当の地代の年額」は，実際に支払っている権利金の額又は供与した特別の経済的利益の額がある場合であっても，これらの金額がないものとして計算した金額による。

（注）
通常権利金を支払う取引上の慣行のある地域において，通常の賃貸借契約に基づいて通常支払われる地代を支払うことにより借地権の設定があった場合の利益の額は，次に掲げる場合に応じ，それぞれ次に掲げる金額によるのであるから留意する。
⑴ 実際に支払っている権利金の額又は供与した特別の経済的利益の額がない場合　評価基本通達27《借地権の評価》により計算した金額
⑵ 実際に支払っている権利金の額又は供与した特別の経済的利益の額がある場合　通常支払われる権利金の額から実際に支払っている権利金の額及び供与した特別の経済的利益の額を控除した金額

（相当の地代を支払っている場合の借地権の評価）

３　借地権が設定されている土地について，相当の地代を支払っている場合の当該土地に係る借地権の価額は，次によって評価する。
⑴ 権利金を支払っていない場合又は特別の経済的利益を供与していない場合　零
⑵ ⑴以外の場合　原則として２《相当の地代に満たない地代を支払って土地の借受けがあった場合》に定める算式に準じて計算した金額

（相当の地代に満たない地代を支払っている場合の借地権の評価）

4　借地権が設定されている土地について，支払っている地代の額が相当の地代の額に満たない場合の当該土地に係る借地権の価額は，原則として2《相当の地代に満たない地代を支払って土地の借受けがあった場合》に定める算式に準じて計算した金額によって評価する。

（「土地の無償返還に関する届出書」が提出されている場合の借地権の価額）

5　借地権が設定されている土地に ついて，平成13年7月5日付課法3－57ほか11課共同「法人課税関係の申請，届出等の様式の制定について」（法令解釈通達）に定める「土地の無償返還に関する届出書」（以下「無償返還届出書」という。）が提出されている場合の当該土地に係る借地権の価額は，零として取り扱う。

（相当の地代を収受している場合の貸宅地の評価）

6　借地権が設定されている土地について，相当の地代を収受している場合の当該土地に係る貸宅地の価額は，次によって評価する。

⑴　権利金を収受していない場合又は特別の経済的利益を受けていない場合

当該土地の自用地としての価額の100分の80に相当する金額

⑵　⑴以外の場合

当該土地の自用地としての価額から3《相当の地代を支払っている場合の借地権の評価》の⑵による借地権の価額を控除した金額（以下この項において「相当の地代調整貸宅地価額」という。）

ただし，その金額が当該土地の自用地としての価額の100分の80に相当する金額を超えるときは，当該土地の自用地としての価額の100分の80に相当する金額

（注）　上記⑴及び⑵のただし書に該当する場合において，被相続人が同族関係者となっている同族会社に対し土地を貸し付けている場合においては，昭和43年10月28日付直資3－22ほか2課共同「相当の地代を収受している貸宅地の評価について」通達（以下「43年直資3－22通達」という。）の適用があることに留意する。

この場合において，上記⑵のただし書に該当するときは，43年直資3－22

通連中「自用地としての価額」とあるのは「相当の地代調整貸宅地価額」と，「その価額の20％に相当する金額」とあるのは「その相当の地代調整貸宅地価額と当該土地の自用地としての価額の100分の80に相当する金額との差額」と，それぞれ読み替えるものとする。

（相当の地代に満たない地代を収受している場合の貸宅地の評価）

7　借地権が設定されている土地について，収受している地代の額が相当の地代の額に満たない場合の当該土地に係る貸宅地の価額は，当該土地の自用地としての価額から４《相当の地代に満たない地代を支払っている場合の借地権の評価》に定める借地権の価額を控除した金額（以下この項において「地代調整貸宅地価額」という。）によって評価する。

ただし，その金額が当該土地の自用地としての価額の100分の80に相当する金額を超える場合は，当該土地の自用地としての価額の100分の80に相当する金額によって評価する。

なお，被相続人が同族関係者となっている同族会社に対し土地を貸し付けている場合には，43年直資３－22通達の適用があることに留意する。この場合において，同通達中「相当の地代」とあるのは「相当の地代に満たない地代」と，「自用地としての価額」とあるのは「地代調整貸宅地価額」と，「その価額の20％に相当する金額」とあるのは「その地代調整貸宅地価額と当該土地の自用地としての価額の100分の80に相当する金額との差額」と，それぞれ読み替えるものとする。

（「土地の無償返還に関する届出書」が提出されている場合の貸宅地の評価）

8　借地権が設定されている土地について，無償返還届出書が提出されている場合の当該土地に係る貸宅地の価額は，当該土地の自用地としての価額の100分の80に相当する金額によって評価する。

なお，被相続人が同族関係者となっている同族会社に対し土地を貸し付けている場合には，43年直資３－22通達の適用があることに留意する。この場合において，同通達中「相当の地代を収受している」とあるのは「「土地の無償返還に関する届出書」の提出されている」と読み替えるものとする。

（注） 使用貸借に係る土地について無償返還届出書が提出されている場合の当該土地に係る貸宅地の価額は，当該土地の自用地としての価額によって評価するのであるから留意する。

（相当の地代を引き下げた場合）

9 借地権の設定に際し，相当の地代を支払った場合においても，その後その地代を引き下げたときは，その引き下げたことについて相当の理由があると認められる場合を除き，その引き下げた時における借地権者の利益については2《相当の地代に満たない地代を支払って土地の借受けがあった場合》の定めに準じて取り扱う。

また，2《相当の地代に満たない地代を支払って土地の借受けがあった場合》又は上記により利益を受けたものとして取り扱われたものについて，その後その地代を引き下げたときは，その引き下げたことについて相当の理由があると認められる場合を除き，その引き下げた時における利益（2《相当の地代に満たない地代を支払って土地の借受けがあった場合》又は上記により受けた利益の額を控除したところによる。）については上記と同様に取り扱う。

（相当の地代を支払っている場合の貸家建付借地権等の価額）

10(1) 3《相当の地代を支払っている場合の借地権の評価》から5《「土地の無償返還に関する届出書」が提出されている場合の借地権の価額》までに定める借地権（以下「相当の地代を支払っている場合の借地権等」という。）が設定されている土地について，貸家の目的に供された場合又は相当の地代の支払，相当の地代に満たない地代の支払若しくは無償返還届出書の提出により借地権の転貸があった場合の評価基本通達28《貸家建付借地権の評価》から31《借家人の有する宅地等に対する権利の評価》までに定める貸家建付借地権，転貸借地権，転借権又は借家人の有する権利の価額は，相当の地代を支払っている場合の借地権等の価額を基として1《相当の地代を支払って土地の借受けがあった場合》から9《相当の地代を引き下げた場合》までの定めによるものとする。

⑵　借地権（⑴に該当する借地権を除く。）が設定されている土地について，相当の地代の支払，相当の地代に満たない地代の支払又は無償返還届出書の提出により借地権の転貸があった場合の評価基本通達29《転貸借地権の評価》から31《借家人の有する宅地等に対する権利の評価》までに定める転貸借地権，転借権又は借家人の有する権利の価額は，評価基本通達27《借地権の評価》の定めにより評価したその借地権の価額を基として１《相当の地代を支払って土地の借受けがあった場合》から９《相当の地代を引き下げた場合》までの定めによるものとする。

（地価税における借地権等の評価）

11　３《相当の地代を支払っている場合の借地権の評価》から８《「土地の無償返還に関する届出書」が提出されている場合の貸宅地の評価》まで及び10《相当の地代を支払っている場合の貸家建付借地権等の価額》の定めは，地価税の課税価格計算の基礎となる土地等の価額の評価について準用する。

法人税の借地権課税における相当の地代の取扱いについて

（平成元年３月30日直法２－２）

標題のことについては，当分の間，下記によることとしたから，今後処理するものからこれによられたい。

（趣旨）

最近における地価の異常な高騰にかんがみ，借地権課税における相当の地代について，その実情に即した取扱いを定めるものである。

記

法人税基本通達13－１－２《使用の対価としての相当の地代》に定める「年８％」は「年６％」と，「昭和39年４月25日付直資56・直審（資）17『財産評価基本通達』第２章《土地及び土地の上に存する権利》の例により計算した価額」は「昭和39年４月25日付直資56・直審（資）17『財産評価基本通達』第２章《土地及び土地の上に存する権利》の例により計算した価額若しくは当該価額の過去３年間における平均額」とする。（平成３年課法２－４により改正）

（注）「過去３年間」とは，借地権を設定し，又は地代を改訂する年以前３年間をいう。

索　引

【た】

【な】

【は】

【ま～ら】

著者紹介

武田　秀和（たけだ　ひでかず）

税理士。岩手県出身，中央大学法学部卒。

東京国税局資料調査課，浅草，四谷税務署他東京国税局管内各税務署資産課税部門等に勤務。現在，武田秀和税理士事務所所長。

事業内容

相続税・贈与税・譲渡所得を中心とした申告・相談業務・財産整理業務を中心に事業を展開している。また，北海道から沖縄までの各地の税理士に対する資産税関係の講演を行っている。

主な著書等

『譲渡所得の基礎　徹底解説』（税務経理協会）
『相続税調査はどう行われるか』（同上）
『土地評価実務ガイド（改訂版）』（同上）
『不動産の売却にかかる譲渡所得の税金』（同上）
『一般動産・知的財産権・その他の財産の相続税評価ポイント解説』（税務研究会）
『遺産分割と遺贈の相続税実務ポイント解説』（同上）
『「相続税・贈与税の重要テーマ」ポイント解説』（同上）
『税理士のための一般財産評価入門』（週刊『税務通信』）
『サラリーマンでもわかる相続税対策』（ビジネス月刊誌『リベラルタイム』）

中村　隆（なかむら　たかし）

税理士。東京都出身，法政大学経済学部卒。

東京国税局資料調査課，同調査部，麻布，四谷税務署他東京国税局管内各税務署資産課税部門等に勤務。主に，相続税調査に従事。現在，中村隆税理士事務所所長。

事業内容

相続税・贈与税・譲渡所得を中心とした申告・相談業務を中心に事業を展開している。また，複雑な相続事案や土地の評価について税理士事務所や税理士法人からの相談に応じている。

著者との契約により検印省略

平成27年３月20日　初　版　発　行
平成27年７月１日　初版第２刷発行
平成29年３月20日　第　２　版　発　行
平成29年10月20日　第２版第２刷発行
令和４年３月１日　第　３　版　発　行

借地権　相続・贈与と
譲渡の税務〔第３版〕

著　者　武　田　秀　和
　　　　中　村　　　隆
発行者　大　坪　克　行
印刷所　株式会社ムサシプロセス
製本所　牧製本印刷株式会社

発行所　〒161-0033 東京都新宿区
　　　　下落合２丁目５番13号
株式会社　税務経理協会

振　替　00190-2-187408
ＦＡＸ　(03)3565-3391
電話　(03)3953-3301（編集部）
　　　(03)3953-3325（営業部）
URL　http://www.zeikei.co.jp/
乱丁・落丁の場合は，お取替えいたします。

ISBN978-4-419-06859-2 C3032